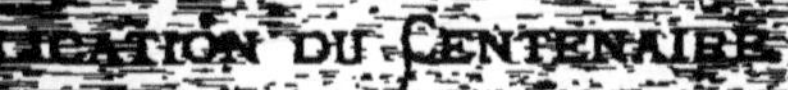

PUBLICATION DU CENTENAIRE

JEAN-JACQUES ROUSSEAU

SA VIE ET SES ŒUVRES.

ÉTUDE BIOGRAPHIQUE, CRITIQUE ET HISTORIQUE, ACCOMPAGNÉE DE DOCUMENTS OFFICIELS ET INÉDITS.

PAR

A. MEYLAN.

AVEC UN PORTRAIT DE J.-J. ROUSSEAU.

BERNE.

B.-F. HALLER, LIBRAIRE-EDITEUR.

PARIS.

LIBRAIRIE SANDOZ & FISCHBACHER,

G. G. Fischbacher, successeur. 33, Rue de Seine, 33.

1878.

Jean Jacques Rousseau.

PUBLICATION DU CENTENAIRE.

JEAN-JACQUES ROUSSEAU

SA VIE ET SES ŒUVRES.

ÉTUDE BIOGRAPHIQUE, CRITIQUE ET HISTORIQUE, ACCOMPAGNÉE DE DOCUMENTS OFFICIELS ET INÉDITS.

PAR

A. MEYLAN.

AVEC UN PORTRAIT DE J.-J. ROUSSEAU.

BERNE.
B.-F. HALLER, LIBRAIRE-EDITEUR.
1878.

Imprimerie B.-F. Haller.

PRÉFACE.

Rousseau, ce grand nom qui a jeté un éclat si lumineux dans l'histoire politique, sociale et littéraire du XVIIIme siècle, peut-être considéré, comme le plus éloquent écrivain de ce grand siècle. J.-J. Rousseau nous apparaît à cent ans de distance, comme un être incompris ou provoquant un enthousiasme fanatique. Devançant son époque, il est tour à tour l'objet de l'admiration des uns et de la haine farouche des autres. Il fuit errant de France en Suisse, des bords du lac de Genève à ceux de Bienne, laissant derrière lui à mesure qu'il est connu, des phalanges d'ennemis ou d'admirateurs. Les actes officiels témoignent de l'esprit d'intolérance des représentants de cette société que le philosophe avait entrepris de combattre. Et cependant, nous le reconnaissons aujourd'hui, les théories de J.-J. Rousseau n'étaient pas plus dangereuses, que celles que développent, quotidiennement les organes de la presse de tous les pays civilisés, mais leur danger était dans le charme persuasif, dans la mélancolie de la pensée et l'exquis de la description, autant de qualités qui ont fait de l'auteur d'*Emile* et du *Contrat social,* le plus magique écrivain du XVIIIme siècle. Quant à ses écarts de jeunesse et à ses fautes, il les a reconnus publiquement et expiés, il a abandonné ses enfants, il a eu peur de la pauvreté pour ceux qui lui devaient la vie, mais les remords n'ont point épargné le cœur du père. C'est ce cœur qui parle dans *Emile.* « Celui qui ne peut remplir ses devoirs de père n'a « pas le droit de le devenir. Il n'y a ni travaux, ni « pauvreté, ni respect humain qui le dispensent de « nourrir ses enfants et de les élever lui-même. Lec- « teurs, vous pouvez m'en croire je prédis à quicon- « que a des entrailles et néglige de si saints devoirs, « qu'il versera longtemps sur sa faute, des larmes « amères et n'en sera jamais consolé. »

L'auteur des *Méditations* a été inexorable pour Rousseau, il l'a maltraité avec cette logique raisonneuse, que peut trouver quiconque s'adressant à la tombe. Jean-Jacques a négligé de saints devoirs, il a malmené avec une ardeur impitoyable la société de son temps, mais s'il avait eu à porter un jugement sur Lamartine, homme politique, il eut été plus sévère, mais plus juste que lui.

CHAPITRE I.

L'enfance, l'éducation et la jeunesse de Rousseau.

C'est le 28 Juin 1712*), que naquit dans l'antique capitale des Allobroges, et que fut élevé au nº 27 de la

*) (Extrait du registre conservé à la Chancellerie d'Etat de Genève.)

« Ce registre commence ainsi : »

Au nom de Dieu.

Baptêmes

administrés dans les temples de St-Pierre et de l'Auditoire dès l'an 1699.

« Au haut de la page où se trouve l'acte : »

Juin et Juillet 1712.

Jean-Jaques Rousseau, fils d'Isaac Rousseau et de Susanne Bernard, né le 28 Juin, présenté par Jean-Jaques Valençan, baptisé le 4 Juillet par Sp *(«Spectable»)* Senebier.

Jean-Jacques Rousseau naquit le 28 Juin 1712 et fut baptisé à St-Pierre le 4 Juillet suivant, étant présenté par J.-J. Valençan. Ses parents, Isaac Rousseau et Susanne Bernard, avaient été mariés dans l'église de Chêne, le 2 Juin 1704; ils avaient eu un premier fils, François, né le 15 Mars 1705 et baptisé à St-Gervais. C'est ce frère de Jean-Jacques qui, fort jeune encore, tourna si mal et disparut tout à fait. *)

*) Voir le registre des baptêmes de la ville, vol. de 1701 à 1713.

rue de Chevelu*), Jean-Jacques Rousseau, dont nous allons retracer la vie et apprécier les œuvres. Dire que Jean-Jacques naquit dans la vieille maison précitée est inexact; c'est là qu'il fut élevé, mais sa mère, étant allée visiter une parente au n° 40 de la Grand'rue**) dans la ville haute, elle y fut prise du mal d'enfant et

---

*) A dater de 1720 on voit Rousseau dans un tout autre quartier, soit la *dizaine* comprenant l'île des maisons entre Coutance et Chevelu *(Restats*, Carnet Mussard, *dizaine* de Jean-Antoine Dufour.)

Les rôles étaient établis par des *dizeniers* fonctionnaires inférieurs qui, à l'époque *de la réforme*, remplissaient les fonctions de *mouchards* du consistoire.

La veuve Bernard mourut le 22 mai 1710, instituant pour héritière sa fille, femme d'Isaac Rousseau *(Testament, Minutes de Fr. Joly, 1710, II, p. 30).* Celui-ci vendit la maison en 1717 à l'avocat Charton.

Isaac Rousseau habita cette maison jusqu'à la vente et même plus tard, puisqu'en 1721 il est inscrit pour l'impôt des gardes, demeurant au 3me sur le devant : « Sieur Isaac Rousseau, horloger, deux enfants, et Susanne Rousseau, sa sœur. »

**) La famille Bernard possédait dans la partie de la Grand' Rue, voisine de l'église de Saint-Germain et que l'on nommait alors la *Boulangerie,* une petite maison avec grange derrière *(anciens plans de Genève, fol. 14; n° 8. — Grosse de l'Evêché, n° 5, p. 417, reconnaissance de 1692.)*

Cette maison est indiquée dans les plans de 1726 (*plans de Genève, par Billon, folio 48, n° 6),* comme appartenant à veuve Charton ; pendant longtemps elle a appartenu au baron Grenus.

C'est dans cette maison que demeurait la famille Bernard. Cela peut d'abord se présumer par les actes de décès de deux enfants *(Pierre et Marthe Bernard, 28 Avril 1676 et 29 Août 1684)*; puis par la nature des discussions que la veuve Bernard eut avec deux propriétaires voisins *(registre des ordonnances des immeubles, 1er et 29 Avril 1707 et 15 Mars 1709).*

y accoucha. — Ainsi, en entrant dans la vie, l'enfant semblait déjà destiné aux irrégularités de l'existence. — Ce ne fut que plus tard, lorsque Genève sentit la grandeur de ses torts envers son illustre concitoyen qu'elle donna à la rue de Chevelu*) le nom de celui qui y passa sa première jeunesse.

Bernard fils, son beau-frère Isaac Rousseau et le parrain de Jean-Jacques habitèrent dans cette maison.

Le registre de la commission des gardes de l'an 1708, page 27, porte en effet veuve Bernard, Bernard fils, Rousseau Valençan. Le volume *Petites gardes* de 1709 à 1714 porte : Veuve Bernard, Bernard fils, Rousseau son gendre. Celui de de 1719 (carnet Fabri) porte Bernard, ingénieur, et Rousseau.

*) (Extrait de la notice de M. *Th. Heyer*, lue à la Société d'Histoire et d'Archéologie de Genève, Mém. et Doc. Tome IX, 1855.)

Sur une maison, rue J. J. Rousseau (ancien n° 69, n° 27 nouveau), on remarque cette inscription sur marbre noir au-dessus de la porte d'allée :

ICI EST NÉ
JEAN JAQUES ROUSSEAU
LE XXVIII JUIN MDCCXII.

Cette inscription pour être vraie, devrait être placée dans un tout autre quartier.

Registre du Comité provisoire d'administration (T. I., page 628, Archives de Genève), on trouve à la date du 18 Juin 1793 :

« Lecture a été faite d'un extrait de registre de l'Assem-
« blée nationale du 27 Mai, portant en substance que l'Ad-
« ministration sera invitée à faire graver sur la maison du
« citoyen Charles Bonnet, mort la semaine dernière : *Ici est*
« *mort Charles Bonnet, auteur de l'Essai analytique sur l'âme*,
« et sur la maison où naqnit Jean-Jacques Rousseau : *Ici est*
« *né Jean-Jacques Rousseau, auteur de l'Emile et du Contrat*
« *social*.... Arrêté qu'on approuve ce qui est proposé, char-

Aucun homme célèbre n'a laissé après lui, un régulateur aussi impartial de sa vie et de ses œuvres; ses *Confessions*, publication posthume, nous conduisent pas à pas à travers le voyage de la vie du grand philosophe, rien ne nous échappe dans cette existence bizarre et tourmentée, inquiète et ombrageuse.

Si des écrivains illustres ont critiqué avec amertume et passion, l'inconvenance de ces *Confessions*, disons que pour l'historien, elles sont le journal philosophique et historique de celui qui n'est plus; elles sont un précieux document pour une appréciation impartiale, et involontairement l'historien est forcé de puiser dans ce recueil les plus belles pages de l'histoire de J.-J. Rousseau.

Sa mère mourut*) en donnant le jour à ce petit être dont plus tard la plume devait être maudite et dont les œuvres devaient être brûlées. On peut dire que le jeune

---

« geant le citoyen Lissignol de faire exécuter ces deux ins-
« criptions sur marbre noir, et en lettres creuses et dorées. »

Les inscriptions primitivement adoptées furent modifiées....

Quelques jours après, le 27, veille d'une fête que l'on fit à cette occasion, le même Comité sur les rapports qui lui furent faits « de ce qui a été manifesté dans le club fraternel des révolutionnaires genevois, concernant les honneurs à rendre à notre illustre concitoyen Jean-Jacques Rousseau.... ordonne que la *rue de Chevelu* qu'on présume celle dans laquelle était située la maison où il naquit, sera dorénavant appelée rue de Jean-Jacques Rousseau. »

*) La mère de Jean-Jacques ne vécut que peu de jours après l'avoir mis au monde, puisqu'on lit dans le registre mortuaire de la même année 1712 : « Du jeudi 7 Juillet, à 11 heures du « matin, Susanne Bernard, femme du sieur Isaac Rousseau, « citoyen, marchand horloger, âgée de 39 ans, morte de fièvre « continue, en la Grand' Rue. »

enfant n'eut point le bonheur de recevoir cette première éducation maternelle, qui commence au berceau et se manifeste par la sollicitude à combattre ou à tempérer ces mille caprices de l'enfant trahissant déjà une nature rebelle. La mère est notre première institutrice, c'est le premier instrument de notre éducation, c'est une sorte de mission que lui impose la nature, mission de bienveillance et d'amour qui tempère les passions par l'affection et répand sur la société humaine un aspect de condescendance mutuelle, qui est le caractère de la civilisation. Une éducation malheureuse est celle dans laquelle on n'aperçoit pas trace de l'autorité de la mère, Rousseau était dans ce cas, et de plus la perte d'une femme d'un grand mérite, fut pour le père un chagrin cruel. Quoique tous les enfants disent du bien de leur mère, il faut admettre que celle que ne connut point Jean-Jacques méritait bien les pages charmantes qu'il lui a consacré. La fille du pasteur Bernard était belle et sage, le père de Jean-Jacques n'obtint pas sa main sans peine, les amours des deux jeunes gens avaient commencé avec la vie, et ces sentiments ne firent que grandir; après l'épreuve d'un voyage, le père de Jean-Jacques obtint le consentement des parents et le mariage se fit. Le premier enfant des époux fut l'aîné de Jean-Jacques, qui négligé au moment où la jeunesse a besoin de conseils, devint un fort mauvais sujet et disparut. Le père de Jean-Jacques,*)

*) *Isaac Rousseau* était l'un des nombreux enfants de David Rousseau et de Susanne Cartier, mariés le 24 Août 1666; il naquit le 28 Septembre 1672.

Susanne Bernard était fille de *Jacques Bernard* et de *Anne-Marie Machard*. Elle avait un frère nommé Gabriel, qui épousa Théodora Rousseau, sœur d'Isaac.

habile horloger, fut appelé en Turquie, où il exerça pendant quelque temps la profession d'horloger du palais, mais son épouse ne pouvait vivre sans lui, elle le pressait de revenir à Genève, elle aimait son mari, et nous retrouvons même une petite composition qui prouve que cette digne femme avait autant d'esprit que de cœur. Elle se promenait avec Mme Bernard, sa belle-sœur, dont le mari servait comme ingénieur sous le prince Eugène et en pensant aux absents, elle composa le quatrain suivant :

Ces deux messieurs qui sont absents,
Nous sont chers à bien des manières,
Ce sont nos amis, nos amants,
Ce sont nos maris et nos frères
Et les pères de ces enfants.

Le père de Jean-Jacques revint à Genève; dix mois après, celui-ci venait au monde, et cette naissance fut un premier malheur, puisqu'elle coûta la vie à sa mère.

Il faut croire que la perte fut cruelle, car Jean-Jacques dit lui-même que son père ne s'en consola jamais, il croyait la revoir en lui et jamais il n'embrassa l'enfant sans soupirer. Ces souvenirs sont les plus charmants de ses confessions : « Quand il me disait : Jean-Jacques, parlons de ta mère; je lui disais : « Hé bien ! mon père, nous allons donc pleurer ; et ce « mot seul lui tirait des larmes. Ah ! disait-il en gé- « missant, rends-la moi, console-moi d'elle, remplis le « vide qu'elle a laissé dans mon âme. »

Jean-Jacques fut élevé par sa tante*), il apprit à lire

*) C'est la bonne tante *Suson* qui devint plus tard madame *Gonceru*, et qui, ayant vu de mauvais jours, reçu une pension de Jean-Jacques Rousseau reconnaissant.

et à écrire et son goût pour l'étude se révéla par une véritable passion pour la lecture. Tous les livres, surtout les romans, appartenant à la bibliothèque de sa mère y passèrent, le père et le fils lisaient ensemble le soir à la veillée et souvent les nuits furent employées à terminer quelque volume commencé. C'est la lecture de ces romans, dans un âge aussi tendre qui développa sans doute chez Jean-Jacques cette disposition romanesque et originale qui contribua à donner à son existence un caractère aventureux et bizarre. Plus tard cependant, les romans ayant été lus, le père et l'enfant durent entreprendre la lecture des livres plus sérieux contenus dans la bibliothèque. Cette heureuse diversion ne contribua pas peu à combattre les idées malsaines qui germaient dans ce jeune cerveau, et lui donna quelque chose de sain et de posé. Bossuet, Fontenelle, la Bruyère et Molière captivèrent l'enfant, qui se forma l'esprit à ces lectures; il se passionna un moment pour Athènes et Rome et les traits de constance et d'intrépidité des héros de l'antiquité laissaient dans sa jeune tête des souvenirs ineffaçables. Dans cette nature extraordinaire, le cœur était accessible à tous les grands sentiments comme l'esprit l'était à toutes les sciences. La musique surtout avait une influence extraordinaire sur ses sens, et cinquante ans après, il redisait encore ému, les chansonnettes que sa bonne tante répétait alors qu'il jouait auprès d'elle. A mesure que l'âge affaiblissait ses forces, ces souvenirs gagnaient en charme, ils arrachaient au malheureux philosophe de douces larmes d'attendrissement.

L'éducation du jeune Rousseau commençait à peine, lorsqu'une malheureuse querelle qu'eut son père avec un officier genevois au service de France*), obligea le père de Jean-Jacques à s'expatrier. L'enfant fut mis en pension à Bossey, chez le ministre Lambercier, qui n'eut pas de peine à comprendre que son nouvel élève avait beaucoup lu et peu appris, il s'appliqua à corriger ses penchants naturels, à développer un programme d'étude, à asseoir en un mot son éducation sur des bases normales. A Bossey, le jeune rigoriste, l'enthousiaste de Rome et d'Athènes, redevient enfant, les plaisirs champêtres détournent son attention des hauts faits de l'antiquité, il hume à pleins poumons l'air des champs et de la montagne, il plante avec son petit cousin un arbuste, celui-ci prend germe et vie, et ce phénomène transporte de joie le futur élève de Linnée.

Les beaux jours sont courts, le jeune Jean-Jacques revient à Genève, il est mis en apprentissage chez un graveur**), après qu'on eut délibéré si on le ferait horloger ou ministre du culte protestant. Ses dispositions

---

*) Isaac Rousseau était bien réellement horloger; un grand nombre d'autres actes authentiques en font foi, mais dans sa jeunesse il avait enseigné la danse (actes de J. A. Comparet, notaire, du 6 Décembre 1694). Il s'associa dans ce but avec David Noyret de Genève et Jean Clément de Paris, et il est assez singulier que le secrétaire du Conseil l'ait désigné encore comme maître dans cet art, en rapportant le jugement relatif aux coups portés au sieur Gautier (*registre du Conseil*).

**) C'était bien peu avant le temps où Jean-Jacques fut définitivement placé chez son maître Abel Du Commun. L'engagement réciproque que M. Grenus a publié (*Glanures n° 5*), fixe au 1er Mai le commencement de l'apprentissage. Du Commun qui alors n'était pas encore marié, demeurait rue des Etuves, maison de Duc Morin-Marchinville. On trouve dans un rapport de la dizaine de Coutance, en 1725, ces lignes :

« 3me étage. Sieur Pierre Morin-Marchinville, sa femme, « un enfant, Abel Du Commun, graveur, *un apprenti*, etc. »

pour le dessin furent l'argument final, Jean-Jacques est destiné à devenir graveur. Toute cette période de l'existence du jeune Rousseau est racontée avec un charme exquis dans ses *Confessions*, ses petites amourettes, sa double passion, sa petite mademoiselle Goton qu'il se plaisait à aimer mystérieusement. Il le croyait du reste, mais le secret de son petit cœur était connu, car en passant un jour à Coutance, des petites filles lui crièrent à demi-voix : *Goton tic-tac Rousseau.* La lecture des romans avait eu son influence sur l'imagination de l'enfant, il aimait comme un chevalier de la féodalité, une demoiselle de Vulson, qui de Nyon vint le voir à Genève. Quand elle repartit, Jean-Jacques voulut se jeter dans le lac, devant le bateau qui emportait ses amours. Pour le consoler, Mlle de Vulson lui envoya des bonbons et des gants, preuve qu'elle le traitait en enfant, car peu après sa visite, la jeune châtelaine s'était mariée. Jean-Jacques avait 15 ans lorsqu'il entra en apprentissage chez Du Commun, qui faisant fi de Rome et d'Athènes, des auteurs classiques ou antiques malmena assez rudement le pauvre garçon, dont l'humeur bizarre, vagabonde et indépendante ne cherchait qu'une occasion de prendre son vol. Cette occasion se présenta d'elle-même. Jean-Jacques, ennemi de la règle et de la gêne, ne rentrait pas toujours à temps aux portes de la ville ; par deux fois il ne rentra que le lendemain, ce qui provoqua pour le cas d'une récidive éventuelle la promesse d'un accueil tel, que Jean-Jacques se promit de l'éviter. Et cependant cette récidive arriva bientôt, un maudit capitaine, dit Jean-Jacques, qui fermait toujours la porte, où il était de garde, une demie-heure avant les autres, mit sa vigilance en défaut. Trouvant porte close, le jeune graveur se décide à ne pas rentrer, il jure de pas retourner chez son maître, et il fuit vers la frontière de Savoie, il dîne chez le curé d'Onex qui flaire un néophyte, et l'envoie chez Mme de Warens à Annecy.

Rousseau avait seize ans, une figure intéressante, ses cheveux noirs, les yeux petits mais excessivement expressifs, sa bouche était jolie, mais garnie de vilaines dents. Quand il parlait, sa physionomie prenait un ensemble animé, son babil avait un caractère de naïveté et de réflexion, il était en même temps timide par naturel et hardi par calcul. Comment juger autrement ce jeune jouvenceau, qui voyant un château, se place sous la fenêtre et entonne, comme un trouvère de Pétrarque :

Dans l'heureuse Provence,
Jadis on vit les troubadours
Dans les combats porter la lance,
Dans la paix chanter les amours,
Ils parcouraient toutes les cours.

Aucune gentille demoiselle, ne parut aux fenêtres du manoir, Jean-Jacques frappe chez Mme de Warens, il n'ose pas lui confier verbalement sa demande et il confectionne une véritable supplique, dont cette femme d'esprit dut beaucoup rire.

Mme de Warens se prit de pitié pour le pauvre oiseau échappé du nid, elle veilla sur lui avec la sollicitude d'une mère, ce qui ne l'empêcha pas de continuer l'œuvre ébauchée par le curé d'Onex, à savoir la conversion au catholicisme d'un enfant hérétique.

Jean-Jacques fut envoyé à Turin à l'hospice des catéchumènes, il se prêta avec bonhommie aux préparatifs de sa conversion, en compagnie de quelques mauvais drôles qui faisaient métier du baptême. Enfin il fut baptisé avec toute la solennité possible, de façon à édifier le public et à humilier le néophyte. J.-J. Rousseau fut cruellement puni, il comptait que sa conversion lui attirerait les faveurs de la fortune et la bienveillance des grands, il n'en fut rien, le converti de Genève reçut fr. 20, produit de la quête faite le jour de la cérémonie et il fut mis à la porte du couvent, aussitôt celle-ci terminée.

Abandonné à lui-même, Jean-Jacques est réduit à gagner sa vie dans la domesticité d'une riche famille piémontaise, il y souffre cruellement dans son amour propre, les romans lui avaient fait rêver autre chose, sa nature indépendante lui faisait prendre ce joug de la servitude en horreur, et la nostalgie aidant, il décide de revenir à Genève. Il passe à Annecy, frappe à la porte de sa protectrice, Mme de Warens, celle-ci l'installe chez elle, et le voilà, transcrivant des recettes, rédigeant notes et comptes, pilant des drogues, faisant les honneurs de la maison de sa bienfaitrice à une foule de solliciteurs, pour lesquels Mme de Warens était une vraie providence.

Celle-ci, dont l'esprit était orné, connaissait la bonne littérature, elle était venue fort jeune en Savoie, où, comme dit Jean-Jacques, elle avait perdu dans le commerce charmant de la noblesse du pays, le ton maniéré de celle du pays de Vaud, où les femmes prennent le bel esprit, pour l'esprit du monde, et ne savent parler que par épigrammes.

Mme de Warens pensait pouvoir terminer l'éducation de son protégé et en faire quelque bon curé de village. Elle le fait instruire au séminaire, mais il y va comme au supplice, et les seules leçons dont il profite, sont celles de musique, quant au latin, son maître lui inspire une telle aversion qu'il n'apprend rien de plus que ce que le pasteur Lambercier lui a enseigné. Quarante ans après, il en parle encore avec épouvante, tant l'imagination joue un grand rôle dans cette nature extraordinaire.

Pendant un an Jean-Jacques vit auprès de Mme de Warens sans commettre une des nombreuses sottises qui émaillent sa jeunesse; un jeune musicien paraît à Annecy, Jean-Jacques s'éprend de ce nouveau venu, dont le caractère enjoué et badin convient au jeune homme. Mme de Warens croit devoir redouter cette société pour son protégé et elle le fait voyager dans le Bugey et à Lyon, il revient à Annecy, mais Mme de Warens était partie pour Paris.

Jean-Jacques raconte ses petites aventures galantes, la rencontre qu'il fit de Mlles Galley et de Graffenried, cette dernière, une jeune Bernoise très aimable, avait été accueillie chez la première, ensuite d'une petite folie de jeunesse. — Ces dames étaient à cheval, il fallait passer un ruisseau, Jean-Jacques anime les chevaux qui ruent et menacent de désarçonner les amazones; alors il entre dans l'eau, prend la bride et un des chevaux opère le passage; il veut se retirer, mais il est constitué prisonnier par les deux petites folles, qui exigent qu'il monte en croupe. Le cœur lui battait fort en serrant la taille de Mlle de Graffenried, celui de cette dernière aussi, mais pour un tout autre motif, elle avait peur de tomber.

Les voilà tous les trois passant la journée ensemble, on dîne, on joue, puis on se rend dans le verger du manoir pour cueillir des cerises. Jean-Jacques monte sur l'arbre et jette les fruits, les deux jeunes filles lui rendent les noyaux, Mlle Galley avance son tablier et recule la tête, elle se présentait si bien que le galant

Rousseau laisse adroitement tomber un bouquet de cerises dans le sein de la jeune fille.

Que mes lèvres ne sont-elles des cerises, dit mélancoliquement le vieux philosophe.

Cette scène a donné lieu au charmant tableau que tous nous connaissons et qui a été tant vanté, en raison surtout des personnages qu'il représente.

A quelque temps de là, Jean-Jacques se met en voyage, il part pour Genève, et la vue de sa ville natale produisit sur lui une impression vraiment extraordinaire, l'émotion le saisit, il défaille. Il voit son père à Nyon où il s'était installé, le père et le fils pleurèrent en s'embrassant, ce n'était plus l'enfant badin et ce n'était plus le père d'autrefois qui s'était remarié, dix-huit ans avaient passé sur les souvenirs d'alors.

Jean-Jacques s'arrête à Fribourg, puis il vient à Lausanne, où, séduit par la splendeur du paysage, il se décide à rester quelque temps. — Il descend chez Perrotet, qui tenait auberge, il s'y installe; pour parfaire le prix de la pension, il songe à utiliser ses talents, ceux au moins qu'il croyait avoir; il se donne à l'instar de son ami, le musicien d'Annecy, pour professeur de musique, et il obtient quelques leçons. — Il avoue cependant que ne sachant rien, il est bien emprunté d'enseigner, une idée traverse sa cervelle, il songe à son goût naturel pour la musique, et, se prenant pour un talent ignoré, il forme le projet de donner un concert. Il compose une pièce, avec une effronterie qui contraste avec sa timidité naturelle, là encore le roman a la victoire sur le bo ı sens.

Pendant quinze jours il travaille à ce chef-d'œuvre, et pour couronner sa renommée future, il compose un menuet, sur un air que lui a appris son ami.

Quel caprice !
Quelle injustice !
Quoi ! ta Clarisse
Trahirait tes feux !

Le jour du concert arrive, Jean-Jacques distribue avec un calme effrayant les diverses partitions, il explique les renvois, on s'accorde et le signal est donné. « Non ! depuis qu'il existe des opéras français, dit-il, de la vie on n'ouït un semblable charivari. » — Les musiciens étouffaient de rire, mais, au lieu de s'arrêter, ils poursuivent sans miséricorde, assourdissant le tympan des auditeurs, qui criaient: Quelle musique enragée ! quel sabbat ! Heureusement tout prend fin ici-bas, et Jean-Jacques eut tout le loisir de regretter son étourderie.

Il fait de longues promenades sur les rives du lac, il y trouve et y puise ces ravissantes descriptions que nous retrouvons dans la *Nouvelle Héloïse*, il s'attendrissait, soupirait et déplorait cette ingratitude du sort, qui ne lui permettait pas de vivre tranquille, ignoré sur ces rives enchanteresses. Il ne demandait qu'un ami sûr, une femme aimable, une vache et un petit bateau, et il se disait qu'il ne jouirait du bonheur parfait sur cette terre, que quand il aurait ce qu'il désirait.

De Lausanne, Jean-Jacques allait à la messe à Assens, à deux lieues de la ville, il s'y rendait en compagnie des catholiques de l'endroit, qui lui procuraient quelques leçons, mais comme elles n'étaient pas abondantes, il part pour Neuchâtel où il est plus heureux; il y gagne suffisamment pour pouvoir restituer à son « bon ami Perrotet » les arriérés de sa pension, et tout en enseignant il se perfectionne dans la musique.

Il aurait pu vivre tranquille, mais il fait la connaissance d'un prélat grec qui faisait une quête en Europe pour le rétablissement du Saint Sépulcre. Il se lie à cet homme et le suit à Berne en qualité de secrétaire et d'interprête. Ces deux compères quêtent en pays fribourgeois et n'y ramassent rien, à Berne le sénat leur accorde une petite somme.

A Soleure, Jean-Jacques quitte son archevèque et entre au service de l'ambassadeur de France, d'où on l'expédie à Paris comme secrétaire d'un neveu d'un colonel suisse au service de France. Jean-Jacques fait le voyage à pied et à petites journées, tout en cheminant son imagination travaille; au service du neveu d'un militaire, pense-t-il, et le voilà rêvant gabions, courtines et remparts, batailles et maréchalat.

Paris lui fait une mauvaise impression, il croyait voir un Turin gigantesque, il se trompa, plus d'une déception l'attendait du reste, le colonel suisse était un vieil avare, et au lieu d'accueillir Jean-Jacques comme cadet, il voulait lui faire porter l'uniforme du régiment. Il refuse l'emploi et se venge pour la première fois avec sa plume en envoyant de méchants couplets au vieil officier.

« Tu croyais, vieux penard, qu'une folle manie
« D'élever ton neveu m'inspirerait l'envie. »

Jean-Jacques va à Lyon, il y végète, et revient chez Mme de Warens qui lui procure de l'occupation comme géomètre-arpenteur au service de la maison du roi Victor-Amédée. Il avait alors juste vingt ans.

Son esprit était développé, mais le jugement ne l'était guère, il passa 8 à 9 ans de sa vie à l'étude et ce d'autant plus facilement que ses occupations au bureau du cadastre royal n'étaient pas fort gênantes. Son nouveau métier l'oblige à étudier l'arithmétique, il apprend bien les diverses règles, car il les apprend seul; cette science exacte forme son jugement, elle apporte de la rectitude dans ses pensées, la réflexion qu'exige les calculs donne des idées justes. Il fait aussi du dessin en lavis, il peint des fleurs et il goûte à cette botanique pour laquelle il se passionna plus tard. Jean-Jacques aimait passionnément la musique, malgré les mécomptes qu'elle lui avait préparés, il l'étudiait avec un zèle qui ne s'est jamais démenti, quoique ses progrès, chose étonnante, eussent été très relatifs. La musique exerçait pour l'imagination de Rousseau une diversion bienfaisante, elle calmait ce tempérament avide, qui devançait son temps et courait au-devant des événements.

Les goûts simples de Jean-Jacques, sa grande sensibilité, sa disposition toute particulière à jouir des beaux côtés de la vie, à se contenter d'un rayon de soleil, d'un fruit, d'une fleur, d'une chanson, le retiennent pendant de longues années, qui sont comme un arrêt forcé dans le voyage de la vie, au manoir de Mme de Warens. Dans cette retraite paisible, le futur révolutionnaire s'attaque à tous les sujets, il étudie la chimie appliquée, l'histoire et la science militaire, la botanique, la littérature du chant et de la musique, il s'essaie à l'escrime et se passionne surtout pour les exploits militaires de la France, dont les régiments passaient par la Savoie pour envahir le Milanais, puis tout à coup, ayant entendu parler du traité de l'harmonie de Rameau, le célèbre organiste, il n'a de repos qu'après avoir pu obtenir ce livre.

Rousseau était loin de penser que l'auteur dont il dévorait le traité règnerait pendant un demi-siècle sur la scène de l'opéra et qu'il renverserait lui aussi la routine d'alors. Avant Rameau l'opéra n'était qu'un monotone récitatif, il introduisit les mélodies variées dramatiques, il donna une forme neuve aux ouvertures et il eut la gloire d'être le collaborateur de l'ennemi de Rousseau, disons Voltaire.

Dès ce moment Jean-Jacques transforme la maison de Mme de Warens; jusque là elle n'avait été qu'un laboratoire de chimie domestique, une sorte de cabinet d'herboriste, il organise des concerts d'amateurs, ses progrès sur le clavecin lui permettent de faire sa partie, un abbé, un révérend père, un maître de danse et deux ou trois amateurs se prêtent à son bel amour pour l'art musical. Il ne rève plus que musique, il oublie ses mécomptes et songe sérieusement aux leçons et concerts, il quitte le cadastre royal et enseigne de nouveau la musique à tant le cachet, à la belle jeunesse savoisienne. Pendant que Jean-Jacques s'adonne à l'étude de la musique, sa bienfaitrice perdait peu à peu le goût des plaisirs du monde, elle s'occupait toujours davantage de la cueillette des simples, de la confection de drogues et de la recherche de secrets; sa maison ne désemplissait pas, les charlatans, les alchimistes, les fabricants de tout espèces de produits faisaient queue chez elle et la ruinaient; Jean-Jacques, appelé à s'occuper de sa comptabilité, constatait la décadence de ses affaires. La pauvre dame multipliait ses dettes et ses créanciers, et, malgré les sollicitations de Jean-Jacques, elle continuait ce train de vie qui faisait le désespoir de ce dernier, aussi, de dépit de se voir si peu écouté, il recommence à voyager, puis revient à Chambéry et sollicite Mme de Warens de réduire son train de maison, elle cède enfin et les voilà tout deux installés aux portes de Chambéry dans cette retraite des Charmettes, désormais historique, près du grand bois des chataîgniers.

On lit aujourd'hui sur cette maison l'inscription suivante :

Réduit par Jean-Jacques habité
Tu me rappelles son génie,
Sa solitude, sa fierté,
Et ses malheurs et sa folie.

A la gloire, à la vérité
Il osa consacrer sa vie,
Il fut toujours persécuté,
Ou par lui-même, ou par l'envie.

Celui qui en 1792 fit placer cette inscription, ne se doutait guère que deux ans plus tard sa tête tomberait sur l'échafaud. Hérault de Séchelles, cet admirateur de Rousseau, accusé de complicité dans la conspiration contre Danton, mourut victime des passions qu'il avait contribué à déchaîner sur la France.

Peu après l'installation aux Charmettes de ces deux êtres bizarres qui ont nom Madame de Warens et Jean-Jacques Rousseau, celui-ci fit une courte maladie qui lui enleva la finesse de l'ouïe et le laissa pour toute sa vie, comme il le dit lui-même, dur d'oreille; à côté de cela d'autres symptômes se produisant, Jean-Jacques, comme beaucoup de jeunes gens, se persuada qu'il lui restait peu de temps à vivre. Ce sentiment le préoccupa et amena une révolution dans sa vie et ses actes; sans revenir à la religion qu'il avait embrassée, il se reprit à chercher dans la religion elle-même, dégagée de son voile de mode et de convention, les consolations douces et saines qui ont dû séduire les premiers chrétiens.

Cette diversion dans ses pensées fit le plus grand bien au malade, il reprit peu à peu ses forces et sa santé, il continua à s'instruire par la lecture, mais usa des livres avec modération, il distribua l'emploi de sa vie, et cette période de son existence fut celle qui laissa dans son âme les plus charmants souvenirs. — « Je me levais tous les matins avec le soleil; je mon- « tais par un verger voisin dans un très joli chemin « qui était au-dessus de la vigne, et suivais la côte « jusqu'à Chambéry. Là, tout en me promenant, je fai- « sais ma prière, qui ne consistait pas en un vain bal- « butiement de lèvres, mais dans une sincère élévation « de cœur à l'Auteur de cette aimable nature dont les « beautés étaient sous mes yeux. »

Peu après cette époque on lui apporta d'Italie quelques ouvrages sur l'histoire de la musique et sur les recherches théoriques de cet art, qui ne contribuèrent pas peu à stimuler son esprit dans la recherche d'un procédé devenu célèbre plus tard en apportant sa petite révolution dans l'étude de la musique.

Jean-Jacques a atteint sa majorité, il reçoit la part de fortune qui lui revenait et la remet à Mme de Warens qui en avait grand besoin, mais qui consacre cette somme à son protégé, elle l'envoie à Montpellier pour achever sa guérison; il en revient, mais pour quitter cette fois-ci pour toujours la paisible retraite où se sont écoulées les plus belles années de sa vie. Il va quitter la Savoie et se rendre à Paris, tourmenté qu'il est par l'envie d'utiliser ce qu'il a appris par lui-même de la musique.

La véritable vie publique du philosophe va commencer, et elle prendra ce caractère tourmenté, qu'elle a eu jusqu'à sa dernière heure. Les beaux jours de bonheur ont passé, la vie paisible n'est plus qu'un souvenir, une sorte de fatalité arrache à la solitude. Cet homme, qui quelques années auparavant, considérait comme le suprême bonheur de vivre ignoré en quelque paisible retraite sur les bords du Léman, se lance à la poursuite de la fortune, l'ambition se réveille, le roman l'exalte, il arrive à Paris.

CHAPITRE II.

J.-J. Rousseau, musicien et littérateur.

J.-J. Rousseau avait eu beaucoup de peine à apprendre à lire la musique et à la déchiffrer; loin de le rebuter cette difficulté lui fit rechercher les moyens de la combattre. La notation ou phonographie, l'art de représenter aux yeux et à l'intelligence le son musical et ses différentes modifications, de telle façon que l'exécutant puisse reproduire la pensée du compositeur, lui semble défectueux. Les signes usités pour la portée, lui parurent mal inventés, l'échelle était une complication, et il pensa remplacer les signes en usage par des chiffres, qui représentaient bien l'exactitude et la simplicité. Divers essais de transposition lui réussirent, dès lors, l'imagination vive de Rousseau lui fait entrevoir toute l'importance de son invention, il projette de soumettre son procédé à l'Académie et il compte déjà sur une révolution dans l'art musical.

Mais il n'en devait point être ainsi, l'Académie des sciences lui accorda des éloges et rien que des éloges, ce n'est que longtemps après que son système triompha de la routine et qu'il servit de base à celui de Rousseau-Paris-Galin-Chevé.

Rousseau avait en poche outre son système de notation chiffrée, une comédie *Narcisse,* œuvre de jeunesse, dont la préface écrite plus tard, fut la première expression des idées philosophiques de l'auteur.

Jean-Jacques raconte lui-même de la manière la plus plaisante, les conférences qu'il eut relativement à son système avec les commissaires de l'Académie, qui réfutaient ses allégations sans comprendre les explications qu'il leur donnait. « Ils déterrèrent, dit-il, je ne « sais où, qu'un moine, appelé le V. Souhaitti, avait « imaginé la gamme par chiffres. C'en fut assez pour « prétendre que mon système n'était pas neuf. » Il est scandalisé de ce que l'on passe brusquement sur un système qui permet de noter toute musique imaginable, les clefs, silences, octaves, mesures, temps, la valeur des notes et qui supprime les trois clefs et les transpositions. Les compliments que l'Académie décerna à l'auteur du système ne lui parurent même pas dignes de figurer dans son ouvrage intitulé : *Dissertation sur la musique moderne,* par lequel, il en appelait au public.

Rousseau est juste quand il reconnait, que son ami Rameau, lui a fait des observations très vraies à propos de son système qui ne permet pas à l'œil de se faire une idée aussi exacte de la différence entre une note très haute et une très basse, puisqu'il y a nécessité d'épeler auparavant les notes intermédiaires.

Cette affaire eut du bon, elle mit Rousseau en rapport avec ce que Paris comptait de personnages distingués dans les lettres, M. de Fontenelle, l'abbé St-Pierre, (ne pas confondre avec Bernardin Saint-Pierre, ce dernier n'avait alors que quatre ans, et ne connut Jean-Jacques Rousseau que 35 ans plus tard, c'est-à-dire peu avant sa mort) MM. de Buffon, Arouet de Voltaire et quantité d'autres personnages appartenant à la noblesse de la Cour, à l'administration et au barreau. Grâce à ces nouvelles relations, il est tour à tour précepteur, compositeur, puis secrétaire de M. de Montaigu, ambassadeur de France à Venise. Le voyage de Paris à Venise fut agrémenté par une quarantaine à Gênes, où il est retenu en chambre, servi par deux grenadiers, baïonnette au canon du fusil. Dans sa chambre d'arrêt-forcé, il s'installe et se met à écrire, il fait parvenir une lettre vinaigrée à l'envoyé de France et sa quarantaine est abrégée.

Il arrive à Venise et passe dix-huit mois au service de l'ambassadeur, mais l'humeur taquine de ce dernier ne cadrait pas avec le caractère indépendant de son secrétaire; Rousseau quitte Venise, revient à Paris, décidé à se faire rendre justice par l'autorité; on le contente avec des promesses, il perd son temps ainsi que les quelques louis qu'il avait gagnés et il abandonne la partie.

Rentré à Paris, il se voue à la musique, il corrige des partitions, il complète des compositions musicales, des poêmes lui sont soumis pour être corrigés, il en reçoit même un de Voltaire, qui lui écrit une première lettre fort courtoise, très flatteuse, dit Jean-Jacques, « et qui témoigne de la souplesse courtisane qu'on lui connaît. »

Les lettres de Voltaire ne furent pas toujours aussi courtoises, et on verra par la suite que Voltaire avait flairé un génie qui allait jeter quelque ombre sur sa célébrité. Il travaille avec ardeur et fait répéter son opéra « *les Muses galantes* », mais il jugea pendant les répétitions que l'œuvre demandait beaucoup de corrections et il la retira. Cet insuccès le chagrina, il abandonna quelque peu la musique pour faire de la chimie avec un de ses protecteurs, M. de Franceuil, il passe l'automne de 1747 en Touraine, où on s'amusait beaucoup et faisait bonne chère. On jouait ses comédies au château de Chenonceau, il composa « *l'Engagement téméraire* », puis « *l'Allée de Sylvie* », tout cela en même temps qu'il continuait son travail sur la chimie.

Il revient à Paris, où Thérèse le Vasseur, son amie, qui désormais partagera non sa gloire, mais toutes ses infortunes, le rend père. Jean-Jacques, mal conseillé, pauvre surtout, réussit à vaincre les scrupules de la mère de l'enfant et celui-ci est placé aux Enfants-Trouvés. Ce ne fut malheureusement pas le seul enfant qui passa à l'hospice des orphelins abandonnés. Ces erreurs et ces fautes ont suffi aux ennemis de Rousseau; aujourd'hui même, cent ans après sa mort, ceux qui n'ont jamais lu ses œuvres, ceux qui ne connaissent rien de sa vie ou de ses infortunes répètent encore: « ce fut un gredin, il abandonna ses enfants ». La société d'alors a été vraiment et à raison scandalisée et tous ses ennemis se sont rabattus sur cette lourde faute. Ecoutez Lamartine: « Or, pendant que Rousseau » accomplissait ces exécutions presque infanticides, il « écrivait, avec une affectation de sensibilité digne d'un « Tartuffe d'humanité, des malédictions fausses sur le « crime des mères qui n'allaitent pas elles-mêmes leurs « enfants! Le lait de l'hôpital et le vagabondage de « l'enfant sans père et sans mère lui paraissaient-ils « donc plus sains et plus purs que le sein maternel de « Thérèse. »

La peur de la pauvreté, le préjugé universel d'alors qui repoussait de toute carrière, les enfants illégitimes, voilà deux raisons bien insuffisantes qui ne pourront jamais réparer le tort que Jean-Jacques Rousseau fit à sa réputation. L'humanité déplorera toujours l'oubli du sentiment le plus sain et du devoir le plus impérieux. De toutes les fautes dont on l'accuse, celle-ci est la seule grave, mais elle est très grave, elle dénote chez lui une absence de jugement personnel, une sorte de lâcheté morale, qui le fait céder aux conseils de quelques joyeux compères de table, et aux suggestions de la mère de son amie, qui redoute les embarras de la famille. Personne n'a compris et ne comprendra jamais dans ces actes indignes, le bon, le sensible Rousseau, et il faut admettre pour l'excuser et non pour lui pardonner, une faiblesse passagère, l'absence d'un conseiller.

La société d'alors était du reste frivole dans ses mœurs, la morale plus artificielle que réelle se contentait de l'apparence, et la religion y était pour beaucoup. Le coupable a expié sa faute, combien de fois a-t-il dû songer, errant et fugitif, à ces enfants qui auraient animé sa retraite, qui l'auraient consolé dans ses peines et soutenu dans sa vieillesse.

C'est à cette époque que Rousseau fait la connaissance de Diderot, puis de d'Alembert, tous deux plus jeunes que lui, mais formant ce brillant essaim, d'écrivains du grand siècle. Diderot écrit sa « *lettre sur les aveugles à l'usage de ceux qui voient* », dans laquelle il soutient la théorie de la négation de l'Être Suprême. L'auteur de la lettre est arrêté et jeté en prison à Vincennes, où il fut détenu pendant trois mois; Rousseau eut grand peur, cet évènement est un de ceux qui ont le plus contribué à le rendre inquiet, ombrageux, voyant toujours les choses au pire. C'est en rendant visite à son ami prisonnier, que Rousseau lit dans le journal le « Mercure de France » la mise au concours par l'Académie de Dijon, de la question suivante : « *Si le progrès des sciences et des arts a contribué à corrompre ou à épurer les mœurs.* » Cette question originale pour l'époque produisit chez Rousseau une vive impression, il se met à l'œuvre, il passe ses jours et ses nuits, son discours fait il l'expédie et n'y songe plus, lorsque, en 1750, il apprend que son œuvre est couronnée.

Ce fut pour l'auteur le signal de la renommée, et cependant on peut le dire à un écrivain qui compte tant de si beaux titres de gloire, le discours lui-même est au-dessous du succès qu'il lui valut. L'exagération est notoire, la question n'est vue que d'un côté, et l'ensemble est un peu déclamatoire. Diderot se chargea de faire imprimer le discours qui eut un vrai succès et donna à son auteur une assurance de lui-même qui lui avait manqué jusqu'ici.

C'est en 1752 que la Cour de Fontainebleau exprima le désir d'entendre la gracieuse pastorale : « *le Devin du village* ». Le roi, la reine, la famille royale, Mme de Pompadour et tous les courtisans assistaient à cette première représentation, qui provoqua un murmure d'applaudissements et de louanges. Rousseau, isolé dans une grande loge, tout entouré de dames, entendait des chuchotements : « Cela est charmant, cela est ravissant, il n'y a pas un son qui ne parle au cœur ! » — C'était la revanche du concert charivarique de Lausanne, le compositeur savourait la gloire, c'en était une, car le roi de France, et nécessairement après lui toute la cour s'engoua de la pièce de Rousseau, Sa Majesté fredonnait tout le jour avec la plus fausse voix de son royaume les refrains qu'elle avait réussi à saisir. Depuis lors cette pièce fut jouée souvent, elle provoqua même à Paris une petite guerre entre les sectateurs de la musique italienne et les partisans de la musique française, querelle qui dégénéra en polémique littéraire. Rousseau, peu après, fait un voyage à Genève, où il achève son « *Discours de l'origine et des fondements de l'inégalité parmi les hommes* ». — C'était une seconde question posée par l'Académie de Dijon. — Quoique supérieur au premier, par la pureté du style et par la profondeur des vues, le travail de Rousseau n'obtint pas le premier prix, qui fut donné à l'abbé Talbert. La dédicace de ce discours est un honneur pour Genève, Rousseau a voulu dédier à sa ville natale cette œuvre de génie dont l'ensemble forme un des plus beaux titres à la gloire de l'auteur.*)

La lettre aux Magnifiques, très honorés et souverains Seigneurs surprend les savants et les hommes illustres de la ville de Calvin, cette lumière qui vient brusquement éclairer les pensées provoque l'étonnement, le naturaliste Charles Bonnet n'en revient pas, il pose des questions, cherche des contradictions et censure l'auteur, qui répond à toutes les questions et termine ainsi : « Je suis toujours le monstre qui soutient que « l'homme est naturellement bon et que mes adver- « saires sont toujours les honnêtes gens qui, à l'édifi- « cation publique, s'efforcent de prouver que la nature « n'a fait que des scélérats. — Je suis autant qu'on « peut l'être, de quelqu'un qu'on ne connaît point, « monsieur, votre, etc. » — Ce mode de saluer un contradicteur ne manque pas d'ironie, le futur révolutionnaire se comprend, se sent pour ainsi dire, le philosophe Rousseau domine le naturaliste Bonnet.

---

*) Extrait des registres du Conseil d'Etat de la république de Genève 1755, 18 Juin. On a fait témoigner au sieur J.-J. Rousseau, citoyen, qui a dédié à la république son ouvrage sur l'origine et les causes de l'inégalité des conditions, que le Conseil voit avec satisfaction un de nos citoyens s'illustrer par des ouvrages qui manifestent un génie et des talents distingués.

Nous avons cru devoir nous attarder sur cette période de l'activité de Jean-Jacques Rousseau, car c'est à ce moment seulement qu'il commence à faire preuve de cette indépendance de caractère dont il parle dans ses confessions et qui ne se manifeste que vers sa quarantième année. Nous le voyons jusque là indécis, craintif, timide, un rien le détourne de son chemin, les plus petits obstacles concourent à le fourvoyer, il change d'occupations, de vues, de besoins et de goûts, sa nature jusqu'ici est inquiète, il semble avoir besoin de l'appui moral d'une partie de la société, alors qu'il déclare la guerre à l'autre. Le succès l'encourage, le triomphe l'exalte; sûr désormais de ne point être méconnu des hommes, il se promet d'être l'organe incorruptible de la vérité. « *Vitam impendere vero.* »

Dans sa ferveur il veut renverser tout obstacle qui s'oppose à l'exécution de la mission qu'il s'est imposée, il veut s'affranchir du joug de l'opinion, des séductions de la fortune et de la servitude des grands. — Généreux élans d'une belle âme et d'un cœur sensible, mais fausse appréciation des conditions de la lutte; Rousseau se savait éloquent, entraînant, il se croyait maître de la situation. Il s'abusa sur la puissance de son raisonnement et de sa logique, ou bien il ne comprit pas son temps, cette époque de la toute-puissance d'une société qui tenait aux préjugés, parce qu'ils assuraient ses privilèges.

Il a fallu tous les génies de ce siècle, la plume du railleur impitoyable de Ferney, la philosophie de d'Alembert, de Haller, les pensées de Leibnitz, la logique opiniâtre, presque géométrique de Diderot, pour former enfin ce puissant courant qui renversa à la fin du siècle dernier la vieille société européenne. — Si le philosophe Jean-Jacques eût vécu de nos jours, il eût d'emblée trouvé sa place dans nos parlements; un peu de pratique dans ses théories généreuses, mais se ressentant des souvenirs de Rome et d'Athènes eût à coup sûr tempéré ses ardeurs. Dans son épître dédicatoire il félicite sa patrie d'avoir un des meilleurs gouvernements qui pussent exister; dix ans plus tard, il envoie à ces mêmes magistrats sa renonciation à l'honneur de la bourgeoisie de Genève. *)

Le retour de Rousseau à Genève, la bienveillance avec laquelle on l'accueillit firent sur lui une impression profonde, il eut honte de lui-même et de la triste bassesse qu'il commit à Turin, en troquant sa religion contre des illusions qui ne se réalisèrent jamais. Le contact avec tout ce que Genève possédait alors d'hommes illustres, les Mussard, Vernet, Lullin, Marcet, Vernes, parut un moment le retenir dans sa ville natale. La douceur et la simplicité des mœurs, la part qu'il pensait pouvoir prendre à la chose publique, la tolérance de la société pour sa conversion furent autant de raisons qui semblaient le retenir à Genève. Il y pensa beaucoup, il songeait déjà aux travaux littéraires, philosophiques et historiques qu'il essayerait de traiter, *Institutions politiques*, *Histoire du Valais*, puis une tragédie en prose, et quantité d'autres travaux appartenaient à son plan. — Malheureusement son discours sur l'inégalité ne plut pas énormément aux Magnifiques et très honorés Seigneurs auxquels il l'a-

*) 1755. 28 Juin. Lettre du sieur J.-J. Rousseau qui a fait ses humbles remercîments à M. le 1er Secrétaire de ce qu'il a bien voulu faire agréer au magnifique Conseil la dédicace de son ouvrage.

vait dédié. On trouvait sans doute que l'auteur s'y laissait trop emporter par la théorie égalitaire, et quoique en république, il y avait lieu de compter avec le temps. Mais on peut dire que, si le Conseil accueillit froidement le discours de Rousseau, les citoyens de Genève ne partagèrent point cette indifférence et le sentiment d'admiration qu'il produisit dans la population ne contribua pas peu à fomenter cette agitation qui se produisit plus tard, lorsque Versailles, Berne et Zurich furent appelés à intervenir. — Rousseau, de plus, savait Voltaire installé à Ferney, il prévoyait quel empire aurait sur les masses celui qui représentait si bien son époque, qui fut celle de la démolition universelle, et dont il fut un des plus ardents et des plus rudes ouvriers. Rousseau tâtonnait, il s'essayait, alors que son ennemi secouait déjà les fondements de l'ancienne monarchie et du clergé. Rousseau faisait alors de la philosophie politique, quand Voltaire par sa critique impitoyable préparait la crise finale qui allait aboutir à la proclamation de la liberté de la pensée.

Pendant qu'on jouait à Fontainebleau la pastorale de Rousseau, Voltaire conviait à Ferney toutes les célébrités mécontentes, on accourait pour entendre Lekain et la Clairon dans *Electre* et *Aménaïde*.

Au lieu de s'installer à Genève, comme il en avait eu l'idée, J. J. Rousseau retourne à Paris, où Mme d'Epinay lui offre une charmante retraite, l'Ermitage, au bord de la forêt de Montmorency, il quitta Paris le 9 Avril 1756 et n'y rentra plus que pour y faire de courts séjours. C'est à l'Ermitage qu'il reprend ses travaux philosophiques commencés plusieurs années auparavant; c'étaient, comme on le voit, des œuvres de longue durée, ébauchées tantôt sous le ciel de

Venise, tantôt en Savoie. Les *Institutions politiques*, la *Morale sensitive,* œuvres qui précédaient le *Vicaire savoyard* et préparaient les esprits à d'autres publications plus radicales.

Pendant cette même année, Rousseau échangea quelques lettres avec Voltaire, lequel ne parut pas énormément se soucier de correspondre directement avec lui, et répondit plutôt par son *Candide.*

Le séjour de l'Ermitage détourna Rousseau de la philosophie et l'inspira poëtiquement; pendant que la polémique relative à l'*Encyclopédie* s'accentue, il ébauche les deux caractères de Wolmar et de Julie, il entretient avec ses amis et amies des correspondances intimes, toutes remplies d'intérêt, un rien, une pensée, une attention remplissent son cœur de plaisir. Mais à cette époque déjà se développait en lui cette disposition inquiète qui le rend susceptible et ombrageux, et si un rien le transportait de joie, un rien aussi le brouillait avec ses amis.

Dans un échange de lettres avec Mme d'Epinay quelques tracasseries troublèrent les rapports réciproques, il brusque le dénouement, prépare une rupture et se retire à Mont-Louis. Entré à l'Ermitage presque en se défendant, il le quitte à regret, se plaignant du sort qui le poursuit, se disant malheureux d'avoir constaté une fois encore qu'il s'est trompé sur l'amitié, tant il est vrai qu'ici-bas chacun se plaint de n'avoir pas un ami, alors qu'on ne veut pas ou ne sait pas être l'ami d'un autre.

C'est à Mont-Louis et en 1759 qu'il publia *Julie,* ouvrage orné de dessins et d'estampes, dont un jeune Genevois, nommé Coindet, surveille l'exécution. Comme roman *Julie* a soulevé bien des critiques, quelques-unes sont assez justes, ce n'est pas à proprement parler un roman, mais bien plutôt une causerie, dans laquelle l'écrivain se saisit du lecteur au moyen d'une fiction dramatique et touchante, où il verse à flots ses sentiments, ses impressions et pensées.

Dans la *Nouvelle Héloïse*, qui parut la même année, nous retrouvons le Jean-Jacques des *Confessions*, dont elle est pour ainsi dire le complément. Que Rousseau s'appelle St-Preux ou Edouard, c'est toujours lui qui parle, qui révèle son âme, qui nous entretient de mille sujets riants ou graves, gracieux ou touchants, et toujours une persuasion douce, entraînante, dans un langage enchanteur. *Julie* eut un grand succès, surtout auprès des femmes, beaucoup d'entre elles, comme cela arrive souvent, supposaient ou dans leurs entretiens se plaisaient à supposer que l'auteur lui-même était le héros de son livre, et loin de lui nuire, cette illusion en faisait la vogue. Aujourd'hui encore *Julie* reste l'œuvre la plus populaire de l'écrivain genevois.

Jean-Jacques faisait en même temps imprimer la *Lettre à d'Alembert* en réponse à l'article de cet écrivain sur Genève. Tout en faisant l'éloge de la constitution de Genève, de la douceur des lois, d'Alembert s'étonnait de ce que l'arrêt de proscription prononcé par Calvin contre les spectacles fut encore maintenu en vigueur par les pasteurs de la Réforme. Jean-Jacques Rousseau répliqua avec un bonheur digne d'une meilleure cause; le produit de la publication de cette lettre fit grand bruit, en même temps qu'elle remontait ses finances; il plaida la cause des pasteurs, et soutint le cas injuste et ridicule. Diderot et d'Alembert, qui avaient par la publication de l'*Encyclopédie* soulevé la colère du clergé contre les encyclopédistes, furent obligés d'abandonner leur œuvre, et quand plus tard le gouvernement fit des démarches pour les engager à la reprendre, ils ne le firent que lorsqu'ils furent certains de n'obéir qu'à la voix publique.

La *Nouvelle Héloïse*, qui parut presque en même temps que ce conflit international, rapporta gros à Rousseau, il avait enfin de beaux écus devant lui, et il pensa un moment à l'avenir. Il avait plusieurs autres travaux en chantier, entre autres le *Contrat social.* On a de la peine à comprendre que la même plume ait écrit l'*Héloïse* et le *Contrat*, tant ces deux créations ont peu de rapport entre elles, soit comme forme, soit comme fond. Ici les sensations vives et l'imagination, là d'austères pensées, des méditations philosophiques sur l'origine, la portée et la nature des institutions politiques; ici la passion et son langage prolixe, là le style grave, mesuré, sévère, parfait comme concision et netteté.

Le *Contrat social* fut acheté en manuscrit au prix de mille francs, puis remis cacheté à Duvoisin, ministre du pays de Vaud et chapelain, qui le fit parvenir au libraire Rey, celui-ci, outre le prix d'achat, fit une pension de 300 francs par an à la gouvernante de Rousseau.

L'éditeur faisait imprimer l'ouvrage à Paris et en même temps à Amsterdam chez Neaulme. La composition en fut laborieuse; l'édition publiée en Hollande arriva la première, elle fut saisie à Rouen, d'où on l'envoya à Paris; des exemplaires venus d'Amsterdam y faisaient déjà quelque bruit, mais Rousseau, malade, était loin de se douter de l'éclat qui allait se produire, il semblait, au contraire, alarmé du peu de bruit que faisait le *Contrat social.*

« Voilà un beau livre, » dit un de ses amis, « mais dont il sera parlé dans peu, plus qu'il ne serait à désirer pour l'auteur. » — On rapporta ce propos à Rousseau, qui ne fit qu'en rire, sans prévoir qu'il n'était que trop vrai.

Pendant que l'orage grondait sur sa tête, Rousseau ne soupçonnant pas les causes qui l'avaient provoqué, terminait la correction des épreuves d'*Emile* qu'il appelle lui-même son meilleur et son plus digne ouvrage. L'*Emile ou de l'Education* ne doit point être pris au pied de la lettre, il ne renferme point une méthode d'éducation spéciale ou directement applicable, Rousseau lui-même ne l'a point entendu ainsi. L'ouvrage entier est le développement continu de cette pensée : que l'éducation soit tenue à former l'homme, et non le personnage de tel ou tel rôle, non l'homme de telle ou telle condition. A côté de ces pensées viennent s'en grouper d'autres, dont il ne faut pas exagérer l'application, mais qu'on doit reconnaître vraies dans une certaine mesure ; il veut prouver que les meilleurs enseignements découlent des choses et non des hommes.

Dans l'infini du récit, des détails viennent, mêlés à quelques exagérations et même quelques erreurs, former l'ensemble des vérités générales. Ces notions justes, ces leçons sages qui forment le plus grand mérite du livre, outre ses parfaites qualités littéraires, ont déjà porté leurs fruits. Dans l'éducation, des réformes salutaires ont été opérées, les mères, devront un éternel monument de reconnaissance à Rousseau, il a parlé de leurs devoirs avec un charme et une dignité qu'aucun autre écrivain n'a égalé. Il a décrit en un langage vraiment ravissant les charmes de la vie domestique et les attraits que lui donne la mère de famille, il a su toucher le cœur de celle-ci en consacrant les plus éloquentes pages de son génie à cette enfance victime, elle aussi, des préjugés et des erreurs de la société. Avec quelle grâce il a traité le nourrisson, le poupon, le bébé, avec quelle sagesse il s'occupe de l'enfant, de ses besoins physiques et moraux !

Les mères ont réappris à nourrir elles-mêmes leurs enfants, il a, détail intime, fait disparaître le maillot meurtrier, l'activité et l'exercice ont succédé à l'immobilité; il a dit à la jeune mère : « C'est à toi que je « m'adresse, tendre et prévoyante mère, qui sut t'écarter « de la grande route, et garantir l'arbrisseau naissant « du choc des opinions humaines ! Cultive, arrose la « jeune plante avant qu'elle meure; ses fruits feront « un jour tes délices. Forme de bonne heure une autre « enceinte autour de l'âme de ton enfant : un autre en « peut marquer le circuit, mais toi seule y dois poser « la barrière. »

Et quand il s'occupe du bien-être matériel de l'enfant, avec quel amour il se passionne pour le pauvre petit être, son cœur dut saigner, lui qui avait abandonné ses enfants.

Dans la chaleur de son sujet il accuse les hommes de dénaturer et de déformer ce qu'a fait le Créateur, l'enfant est « façonné au-dehors par les sages-« femmes et au-dedans par les philosophes. Les Caraïbes « sont de la moitié plus heureux que nous. »

L'*Emile* est peut-être le livre le mieux écrit de la langue française; d'un bout à l'autre c'est un choix exquis des plus belles formes du langage. C'est surtout dans la *profession de foi du vicaire savoyard,* que les mérites divers de l'ouvrage se réunissent au plus haut degré pour éclairer et consoler par les vérités de la religion naturelle, et enseigner la tolérance pour les croyances renfermées dans un cycle de dogmes exclusifs.

« Parlez-moi de la Révélation, des Ecritures, de ces « dogmes obscurs, sur lesquels je vais errant dès mon « enfance, sans pouvoir ni les concevoir ni les croire, « et sans savoir ni les admettre ni les rejeter. »

Et le bon prêtre parle, on croirait entendre le divin Orphée apprenant aux hommes à chanter les premiers hymnes en même temps que le culte des dieux :

« Voyez, dit-il, le spectacle de la nature, écoutez « la voix intérieure. Dieu n'a-t-il pas tout dit à nos « yeux, à notre conscience, à notre jugement ? Qu'est- « ce que les hommes nous diront de plus? Leurs révé- « lations ne font que dégrader Dieu en lui donnant les « passions humaines. Loin d'éclaircir les notions du « grand Être, je vois que les dogmes particuliers les « embrouillent, que loin de les ennoblir, ils les avi- « lissent ; qu'aux mystères inconcevables qui l'envi- « ronnent ils ajoutent des contradictions absurdes, qu'ils « rendent l'homme orgueilleux, intolérant, cruel; qu'au « lieu d'établir la paix sur la terre ; ils y portent le « fer et le feu. Je me demande à quoi bon tout cela « sans savoir me répondre. Je n'y vois que les crimes « des hommes et les misères du genre humain. On me « dit qu'il fallait une révélation pour apprendre aux « hommes la manière dont Dieu voulait être servi ; on « assigne en preuve la diversité des cultes bizarres « qu'ils ont institués, et l'on ne voit pas que cette di- « versité même vient de la fantaisie des révélations. « Dès que les peuples se sont avisés de faire parler « Dieu, chacun l'a fait parler à sa mode et lui a fait « dire ce qu'il a voulu. Si l'on n'eût écouté que ce « que Dieu dit au cœur de l'homme, il n'y aurait ja- « mais eu qu'une religion sur la terre. »

Ces magnifiques paroles que l'auteur place dans la bouche du vicaire forment presque la profession de foi philosophique et religieuse rapprochant Rousseau de son contemporain Haller et l'éloignant de son adversaire Voltaire, le sceptique qui a fait école. Cette religion du cœur, que professe Rousseau, était trop belle pour plaire aux hommes, elle éclairait de ses mêmes rayons les minarets du prophète et la croix des catholiques, la flèche des réformés et la coupole de la synagogue. Elle embrasse et illumine tous les cultes et toutes les croyances sincères, elle est en même temps le culte de tous et la communion universelle. Voltaire saisi au cœur par cette brûlante explosion d'éloquence, Voltaire le froid, l'homme de la ligne droite et de la rude logique, s'écrie :

« O, Rousseau ! tu écris comme un fou et tu agis « comme un méchant, mais tu viens de parler comme « un sage et comme un juste ! Lisez, mes amis, et sa« luons la vérité et la morale partout où elles éclatent, « même dans la méchanceté et dans la démence. »

Nous avons dû nous arrêter à cette œuvre de Rousseau, en voir l'ensemble et l'expression, car si le *Contrat social* va soulever les haines de la haute société et des classes dirigeantes, en revanche l'*Emile* provoquera les colères du clergé ; l'archevêque de Paris lancera un mandement contre l'auteur, les ministres de Genève vont crier à l'impiété, le conseil d'éducation de la république de Berne, proscrira les livres et finira par expulser l'auteur.

En même temps qu'*Emile,* paraissait le *Contrat social.* Il y avait dix-huit ans que Montesquieu était mort, en laissant derrière lui ce prodigieux monument littéraire d'où se détachent brillants comme de purs diamants ces chefs-d'œuvre du temps : *« l'Esprit des lois »* et *« Grandeur et décadence des Romains »*. Le premier de ces livres avait été imprimé à Genève pour la première fois par les soins de M. le pasteur Vernet, ami de Montesquieu. En un an et demi, vingt-deux éditions furent tirées. L'ouvrage faisait fureur et les classes dirigeantes tentaient de prendre la chose du bon côté. C'est de l'esprit sur les lois, disaient les marquis, comtes et seigneurs d'alors. Mais Voltaire avait déjà porté son jugement. « Le genre humain avait perdu ses titres, Montesquieu les a trouvés et les lui a rendus. »

On croyait alors que tout avait été dit sur la question sociale, Montesquieu, comme un magnifique tribun, venait de jeter dans le prétoire cette grande production de logique, d'éloquence et de réparation. Mais le génie humain est aussi inépuisable que les travers et les misères de la société, il restera toujours et jusqu'au siècle des siècles, des surfaces à éclairer, des profondeurs ou des sommets à explorer, des infiniments petits à arracher de l'infini pour les exposer à la lumière de la vérité.

Le *Contrat social,* que la société française ne put pas comprendre et ne voulut pas tolérer, est l'œuvre d'un républicain, il contient des objections contre la monarchie, dès lors on juge très sévèrement des gouvernements comme ceux de Genève et de Berne, qui pour complaire à la cour de Versailles brûlent l'œuvre et décrètent l'auteur. Genève était cependant toujours la ville et le foyer des libertés, Berne n'avait rien perdu de sa puissance, sa renommée était solide, incontestée, les attaques de Voltaire avaient même étonné. « Ah !
« c'est Monsieur de Voltaire qui a écrit contre le bon
« Dieu, et même contre le gouvernement de Berne ! »

entendit-on un jour dans un salon. — Versailles, Berne et Genève se liguèrent contre Rousseau; Versailles et Berne confisquèrent les livres, Genève les brûla.

Le *Contrat social* paraît, jamais un livre ne reçut pareil accueil. Les éloges particuliers secrets ne manquent pas, mais comme presque toujours en pareil cas l'improbation de l'autorité entraîne l'improbation publique. Les esprits forts de l'époque s'en mêlent, dès lors; fuis Rousseau! tu as touché aux choses de ce monde, auxquelles il faut le moins toucher, à l'organisation sociale! Il a attaqué la morale, la société, l'ordre établi, il a blasphémé Dieu et insulté les hommes! Et de quel droit ce fils de boutiquier vient-il improviser une législation!

Si l'éducation est nécessaire dans le monde des arts ou pour le plus infime des métiers, comment admettre qu'elle ne le soit pas pour la plus difficile des sciences, celle d'organiser la société, de lui imposer ou de lui faire accepter des lois, de gouverner en un mot. Les législateurs ont tous médité en secret pendant de longues années, l'œuvre qu'ils ont présentée murie et approfondie; Mahomet a longtemps erré en Arabie avant de proclamer sa loi; Montesquieu a eu une vie d'étude et de solitude, mais pauvre Rousseau, quels sont tes titres à la renommée, de quel droit viens-tu dire: « L'homme est né libre, et partout il est dans les fers. » Personne dans cette société d'alors, soit à Paris, soit à Genève ou à Berne, ne s'élève pour défendre hautement et publiquement l'auteur du code fondamental de la révolution française. Personne ne proclamera à haute voix, que Jean-Jacques a travaillé pendant des années à cette œuvre, destinée à préparer l'émancipation qu'il avait rêvée.

Rousseau était né dans une cité où à cette époque déjà la démocratie s'affirmait menaçant de remplacer l'aristocratie; il avait dans sa vie agitée appris à connaître les hommes de toutes les classes sociales, du laquais au courtisan, de l'artisan à l'artiste, du copiste à l'écrivain. Sa vie avait été toute d'étude et de travail, les grands caractères de Rome et d'Athènes l'avaient passionné comme nul autre, il lui était permis de jeter au monde ses pensées et ses méditations, ses théories et ses utopies, en laissant à d'autres le mérite de les appliquer. De quoi était-il donc coupable, si ce n'est de proclamer et la liberté de la pensée alors qu'elle était proscrite, et l'émancipation de l'homme alors considérée comme un danger social épouvantable !

Quelque désireux que nous ayons été de restreindre la partie biographique de cette étude, nous avons dû nous arrêter aux deux chefs-d'œuvre du philosophe Rousseau. Reconnaissants et respectueux héritiers, nous avons reçu le legs de ce dix-huitième siècle si fécond en hommes supérieurs, nous avons bénéficié de leurs travaux, ils ont facilité la tâche de nos devanciers, et ils ont contribué à nous préparer cette société actuelle, imparfaite encore, mais épurée des préjugés de celle qui a succombé à la révolution. Il est de mode aujourd'hui de déclarer vieillies ces doctrines qu'il coûtait tant d'exposer publiquement il y a cent ans, il est plus facile de traîter de rêveur confus et contradictoire, l'auteur de ces œuvres amassées page par page, plutôt que de méditer ses pensées. Laissons aux beaux esprits, le rôle facile de la critique, et saluons, comme l'a fait Voltaire, la vérité, d'où qu'elle vienne.

L'heure de la justice et de la reconnaissance a sonné, elle a été lente, mais elle est arrivée, et elle entoure dans ses deux œuvres magistrales, le nom de Rousseau d'une auréole glorieuse, car il a le premier appris aux nations à penser et à agir, en même temps qu'il ramenait le monde aux sources de la poésie, aux jouissances simples de la nature. Nous lui pardonnons aujourd'hui l'exagération intermittente de son caractère, ses défauts, ses vices, tous ses travers qu'il combattait et qu'il avouait lui-même.

Illustre rêveur, il a pensé une société nouvelle, brusquement transformée, idée irréalisable, mais ses préceptes n'ont point été perdus, ils vivent, ils ont germé, et pris racine, la conscience s'est réveillée remplaçant la confession; le culte de l'Auteur de toutes choses envahit le monde, et l'humanité enfin rend justice au penseur. Schiller a consacré une belle page au philosophe Rousseau, c'est devant son tombeau qu'il parle, il salue le génie qui des chrétiens a fait des hommes!

Le 9 Juin 1762 le parlement décrète Jean-Jacques, il était d'usage alors, en pareil cas, de saisir les papiers et de mettre les scellés sur les effets du décrété; celui-ci fait à la hâte un paquet de ce qu'il veut emporter, il prend congé de diverses personnes qui s'intéressaient à lui, parmi elles il y avait Mmes de Boufflers, de Mirepoix, épouse du maréchal de ce nom, et quelques autres amis. Il fait remarquer à Thérèse sa gouvernante, qui le rejoindra plus tard, que dès lors commence pour lui l'ère de la persécution et il fuit.

Il est incontestable et on l'a su depuis, que le parlement aurait été fort embarrassé de son prisonnier et qu'en réalité, on le laissa fuir. Il raconte lui-même avoir rencontré les recors de la justice qui « le saluèrent en souriant. »

Du reste J.-J. Rousseau pouvait aisément démontrer sa parfaite innocence, car il résulte de témoignages authentiques que c'est à son insu que les deux ouvrages qui provoquaient les rigueurs de l'autorité avaient été publiés à Paris et contre son gré. Voici du reste une pièce justificative du 31 Janvier et signée : de Lamoignon de Malesherbes. — Cette déclaration a été trouvée dans les papiers de Rousseau, après sa mort :

« Quand M. Rousseau traita de son ouvrage intitulé « *Emile ou l'Education,* ceux avec qui il conclut le mar- « ché lui dirent que leur intention était de le faire im- « primer en Hollande. Un libraire devenu possesseur du « manuscrit, demanda la permission de le faire imprimer « en France, sans en avertir l'auteur. On lui nomma « un censeur. Le censeur ayant examiné les premiers « cahiers, donna une liste de quelques changements qu'il « croyait nécessaires. Cette liste fut communiquée à M. « Rousseau, à qui on avait appris quelque temps au- « paravant qu'on avait commencé à imprimer son ou- « vrage à Paris.

« Il déclara au magistrat chargé de la librairie, qu'il « était inutile de faire des changements aux premiers » cahiers, parce que la lecture de la suite ferait connaître « que l'ouvrage entier ne pourrait jamais être permis en « France. Il ajouta qu'il ne voulait rien faire en fraude « des lois, et qu'il n'avait fait son livre que pour être « imprimé en Hollande, où il croyait qu'il pouvait pa- « raître sans contrevenir à la loi du pays.

« Ce fut après cette déclaration, faite par M. Rous- « seau lui-même, que le censeur eut l'ordre de discon- « tinuer l'examen, et qu'on dit au libraire qu'il n'aurait « jamais de permission. D'après ces faits, qui sont très « certains et qui ne seront pas désavoués, M. Rousseau

« peut assurer que si le livre intitulé *Emile ou l'Educa-*
« *tion* a été imprimé à Paris, malgré sa défense, c'est
« sans son consentement, c'est à son insu, et même qu'il
« a fait ce qui dépendait de lui pour l'empêcher.

« Les faits contenus dans ce mémoire sont exacte-
« ment vrais et puisque M. Rousseau désire que je le
« lui certifie, c'est une satisfaction que je ne puis lui
« refuser. »

Ainsi qu'on le voit, l'auteur subissait pour ainsi dire les conséquences du zèle intéressé des éditeurs qui flairaient une bonne affaire. C'est un hommage à leur talent plus qu'à leur loyauté.

CHAPITRE III.

J.-J. Rousseau et la république de Berne.

J.-J. Rousseau partit et un ami retirait ce qui restait en paperasses et lettres à son domicile. Il voulait passer par Lyon et entrer à Genève par Chambéry, mais la crainte d'être arrêté l'en empêcha, il voyagea néanmoins à petites journées, oubliant son malheur et le parlement de France; il lit et prend des notes pendant le long trajet de Montmorency à la frontière jurassienne, il passe à Besançon et Salins, puis arrivé sur le territoire bernois, se sentant hors de danger, il fait arrêter son équipage, il baise la terre hospitalière en s'écriant ému : « Ciel, protecteur de la vertu, je te loue ! je touche une terre de liberté. »

Le postillon le crut fou, peu d'heures après, le fugitif frappait à la porte de son vieil ami M. Roguin, dont l'aimable famille fera oublier pendant quelque temps au proscrit ses peines amères.

D'Yverdon, Jean-Jacques voulait se rendre à Genève, mais il dut vite renoncer à ce voyage. La renommée de *l'homme malheureusement trop célèbre,* comme le dit le Conseil de Genève, avait devancé Jean-Jacques.

Le 18 Juin, c'est-à-dire neuf jours après le décret du parlement de France, Genève, qui n'avait point les raisons du parlement, décrétait à son tour le nommé J.-J. Rousseau, et ses livres furent brûlés par les mains du bourreau. L'absurde et l'injuste cumulaient dans ce décret, qui restera un acte d'autorité entaché d'arbitraire et de ridicule. Le Conseil avait pour lui, les familles nobles, les pasteurs et les gens de la rue, les cuistres, comme les appelle Rousseau. Mais tout ce que Genève comptait de gens éclairés, patriotes, élevés au culte de la liberté, jaloux des priviléges des citoyens de l'antique république, sympathisaient avec Jean-Jacques, aussi crut-il un moment que la guerre civile allait éclater à propos de ses œuvres et il en fut alarmé.

Les décrets de Paris et Genève furent le signal d'un cri de malédiction qui s'éleva en Europe contre l'auteur audacieux. Les journaux, les brochures signalaient au monde l'outrage fait à la société, à la religion et à l'autorité. Il semblait que partout on eut craint de se faire une affaire avec la police, en n'accablant pas l'impie d'injures les plus violentes. — Le pauvre Rousseau crut un instant que le monde entier était devenu fou.

Et comme toujours en pareil cas, tout en maudissant l'auteur, on s'arrachait ses œuvres, ceux qui les avaient lues, se taisaient, les autres criaient le plus fort. La famille Roguin consolait de son mieux le pauvre naufragé, le bailli de la ville, M. Moiry de Gingins, l'encourageait à ne point désespérer, et à rester dans la partie des Etats de Berne, dont il avait le gouvernement. Le mois de Juin s'écoulait en préparatifs d'installation, lorsque la fame publique apporta la nouvelle qu'à Berne, comme à Paris et Genève, l'orage grondait. Le sénat s'apprêtait à sévir, M. Moiry de Gingins écrivit à divers membres du gouvernement, les blâmant de leur intolérance et leur reprochant de refuser un asile qu'on ne refusait pas à des bandits.

Ni le crédit de M. le bailli, ni son éloquence ne purent conjurer l'orage. On avait appris à Berne que Jean-Jacques s'était réfugié à Yverdon, et la fermentation s'accentuait. Les Seigneuries de Berne décidaient dès la fin de Juin d'ordonner l'expulsion de l'auteur d'*Emile*, des pays allemands et welsches du territoire de la république, et le 3 Juillet un coureur apportait au préfet et bailli la notification suivante :

Berne, 1er Juillet 1762.

Au préfet d'Yverdon.

Il a été rapporté à nos Magnifiques Seigneurs, que Jean-Jacques Rousseau, connu par ses œuvres et surtout par son livre sur l'*Education*, lequel est rempli de maximes hautement fausses et dangereuses, est arrivé récemment à Yverdon et qu'il s'y est installé.— Attendu que les Magnifiques Seigneurs, pour bien des motifs très importants, ne considèrent pas comme convenable de lui permettre de séjourner pendant quelque temps dans leurs pays « médiats » et « immédiats » *), ils ont décrété d'aviser le nommé Rousseau d'avoir à quitter leurs villes et pays dans le délai de quelques jours, vu qu'il n'y serait pas toléré plus longtemps. — Il saura (le préfet) prendre les mesures nécessaires pour communiquer le plus promptement au susnommé la décision des Magnifiques Seigneurs.

---

*) *Pays immédiats* comprenaient l'ancienne partie du canton de Berne, et *pays médiats*, les contrées de Vaud et Argovie réunies au canton.

En même temps que leurs Seigneuries notifiaient l'expulsion du malheureux Rousseau, elles soumettaient au conseil scolaire la circulaire qui suit :

Circulaire aux honorables conseillers scolaires.

Les Magnifiques Seigneurs ont appris que par leur intervention prudente et prévoyante la vente du livre en question du nommé Rousseau a été interdite et prohibée à tous les libraires de cette ville, mais désirant spécialement savoir, si cette interdiction a été signifiée à Lausanne et autres villes, si toutes les précautions nécessaires ont été prises, si les exemplaires existants ont été confisqués et si par conséquent cette œuvre a été entièrement supprimée, leurs Magnificences prient les honorables conseillers de faire dans le plus bref délai rapport sur les dispositions prises.

Rousseau était malade, au physique il souffrait d'une infirmité que les années rendaient plus douloureuse ; il avait alors juste 50 ans. A son insu, M. de Moiry de Gingins crut devoir exprimer à leurs Seigneuries l'intolérance qu'il y aurait à procéder à l'expulsion d'un homme doux et tranquille, infirme et maladif, qui jusqu'ici n'avait donné lieu à aucune plainte quelconque. M. de Moiry comptait sur un heureux résultat. — Il se trompait. — Le conseil scolaire, nanti de l'appréciation du livre de Rousseau, se montrait plus rigide encore que leurs Seigneuries, il exprimait le désir de voir prendre des mesures plus rigoureuses encore à l'égard de l'auteur du livre d'*Emile*. En date du 8 Juillet il soumettait son rapport conçu en ces termes :

Berne, le 8 Juillet 1762.

Rapport du conseil scolaire aux Magnifiques Seigneurs du Conseil.

Dès que MM. les censeurs de livres délégués du sein de l'honorable conseil scolaire ont eu connaissance du livre édité par M. Jean-Jacques Rousseau sous le titre *Emile*, sur l'éducation de la jeunesse, ils l'ont examiné, et ayant trouvé qu'il contient des maximes des plus fausses contre le christianisme, comme aussi des principes très pernicieux contre les pouvoirs de toutes les autorités supérieures, ils ont interdit, selon leur devoir, à tous les libraires de cette ville de détenir ce livre, soit en vente, soit en location. — Ils allaient en effet délibérer sur la question de savoir, s'ils devaient, en rapporter à leurs Magnificences, et les engager à étendre leurs mesures, lorsqu'ils apprirent que celles-ci étaient déjà intentionnées de les prendre.

Les honorables conseillers scolaires apprennent par le mandat contenu dans la circulaire du premier de ce mois, que leurs Magnificences ont transmis à l'auteur réfugié dans leur pays le *consilium abeundi*, et qu'ils attendent maintenant des conseillers scolaires les mesures nécessaires concernant le livre.

Les honorables conseillers n'ont pas la moindre objection à soumettre à leurs Magnificences en ce qui concerne l'interdiction dans leurs villes et pays, d'un livre aussi dangereux, et de plus, ils expriment le désir qu'il soit statué une amende de 50 écus, outre la confiscation des exemplaires, au lieu de l'amende de 20 écus, statuée par le réglement du 10 Février 1759, contre tous ceux qui s'occuperaient de la vente de ce livre, ce que les honorables conseillers ont trouvé parfaitement fondé, pour témoigner par là leur réprobation contre de pareils écrits. — Cependant les conseillers scolaires soumettent ce qui précède à l'appréciation de leurs Seigneuries.

Pendant que s'échangeaient ces pièces officielles, Jean-Jacques était dans la plus grande perplexité. — La France lui était fermée, Genève venait de le condamner, Berne l'expulsait. — Il se demandait, si le monde entier n'allait pas imiter les proscripteurs. Où aller du reste ? — Le territoire du comté de Neuchâtel était bien proche, mais telle était déjà la situation d'esprit du pauvre proscrit qu'il s'imagina que le roi de Prusse pourrait bien lui en vouloir. Etant à Montmorency, il avait montré à diverses personnes venues de la Cour du grand Frédéric un portrait de ce prince portant en légende.

« Il pense en philosophe, et se conduit en roi. » Rousseau avait complété cette légende en ajoutant :

« La gloire, l'intérêt, voilà son Dieu, sa loi. » — Et dans son ouvrage « *Emile* » il avait fait un portrait du roi de Prusse, qui y figure sous le nom d'Andraste, roi des Dauniens ; or, il pouvait craindre que ce prince ne lui en gardât rancune. Néanmoins, dominant sa crainte, il se décida entre deux maux de choisir le moindre, et supposant avec raison une grandeur d'âme qui plaçait le roi au-dessus des mesquines vengeances de ce monde, il passe la montagne qui séparait les Etats de Berne de la principauté, et il vient s'établir à Môtiers-Travers.

A peine avait-il quitté Yverdon, que M. de Moiry, le bailli de Berne, recevait de leurs Seigneuries une réponse assez vive. — La voilà dans sa teneur :

Berne, 8 Juillet 1762.

Au préfet d'Yverdon.

Les représentations faites à leurs Seigneuries en faveur du dit J.-J. Rousseau ne méritent pas d'être prises en considération, elles ne sauraient modifier leur décision du premier courant, excepté que si la santé du dit est telle qu'il lui soit impossible de partir immédiatement, nos Magnifiques Seigneurs lui permettraient de prolonger son séjour à Yverdon de huit ou quinze jours au plus, alors le préfet aura à exécuter sans autre leur décision, et à leur en faire rapport.

M. de Moiry, en recevant cette lettre, ne put que répondre que Jean-Jacques Rousseau avait quitté le pays, obéissant aux injonctions qui lui avaient été faites. — Aussi le 12 Juillet 1762, leurs Seigneuries, en prenant connaissance de cette lettre, considéraient-elles le côté relatif à l'auteur comme terminé, mettaient son dossier *ad acta* et continuaient les mesures contre les œuvres elles-mêmes. — Les ordres suivants sont donnés :

Berne, le 10 Juillet 1762.

Avoyer et Conseil.

A tous les baillis des pays allemands où se trouvent des villes, aux baillis des 4 villes, ainsi qu'aux baillis des pays *welsches*.

Jean-Jacques Rousseau, auteur, a édité, il y a quelque temps, un livre très dangereux, intitulé

Emile, et publié par l'impression. — Considérant nécessaire, d'après le rapport de notre conseil scolaire constitué, d'interdire entièrement le dit livre dans nos pays, nous avons voulu vous ordonner par le présent, de publier par les procédés ordinaires et comme il est de coutume en pareil cas, afin que nul n'en ignore, que la vente ainsi que l'achat de ces livres sont interdits entièrement et une fois pour toutes à chacun, sous peine inévitable d'une amende de 50 écus. De même nous vous ordonnons en même temps d'infliger de l'amende précitée tous les contrevenants, et de confisquer tous les exemplaires existants du dit livre. La répartition de l'amende sera faite selon la coutume.

Le conseil scolaire réuni entend gravement le narré des mesures prises en cette terrible affaire. Il semble que l'Etat court le plus grand danger, à voir l'unanimité des opinions et la rigueur des ordonnances.

Cependant le conseil scolaire, après avoir ouï le rapport touchant la cause, émet quelques objections.

Dans sa séance du 5 Août 1762 il est donné lecture de la décision de leurs Seigneuries, relativement à l'ouvrage « *Emile* » de Rousseau. — Les membres du conseil scolaire, dans un rapport adressé à leurs Seigneuries, font observer qu'il n'a pu être donné suite et exécution au décret relatif à la répartition du produit de l'amende entre la bibliothèque, les censeurs et le dénonciateur, ils prient de réduire l'amende à 20 écus et de leur laisser l'exécution de l'édit d'après les ordonnances existantes et pour continuer l'uniformité. Puis ils ajoutent :

Les conseillers scolaires prient leurs Seigneuries qu'il leur soit permis, vu l'ordonnance du 10 Juillet écoulé, de représenter qu'ils sont d'avis que l'amende de 50 écus contre la vente et l'achat de l'*Emile* de Rousseau ne soit pas applicable contre les particuliers qui se procurent ce livre pour leur usage perpersonnel, et qu'elle ne soit applicable que contre les libraires ; un tel procédé restreindrait trop la liberté de la littérature, et la publication de pareille ordonnance irait trop loin.

« Les conseillers scolaires ont l'honneur de sou-
« mettre ce qui précède à leurs Seigneuries, en at-
« tendant respectueusement leur décision. »

Toutefois, comme le principal était fait, et que Jean-Jacques Rousseau avait évacué les villes et pays allemands et welsches de leurs Seigneuries, il n'y avait plus hâte, aussi n'est-ce que trois mois après, que l'on décide de maintenir la décision prise, à savoir d'interdire la vente, l'achat et même par ce fait la lecture des œuvres de Rousseau. — Cette décision est la suivante :

Par arrêt du 27 Novembre 1762, leurs Seigneuries ne sont pas d'avis d'approuver les propositions du conseil scolaire, bien au contraire, ils maintiennent simplement le décret du 10 Juillet de l'année courante, et ne donnent pas suite au rapport du dit conseil. — Toutefois, ils sont d'avis que leur ordonnance du 10 Février 1759 ne soit pas révoquée, mais qu'elle reste plutôt en vigueur et confiée, quant à l'exécution, à la *vigilance* de l'honorable conseil scolaire dans les cas qui pourraient se présenter.

CHAPITRE IV.

J.-J. Rousseau et les Genevois.

C'est sur la place de l'Hôtel-de-ville, qu'à partir de Juillet 1528, on livrait les criminels au procureur fiscal. On donnait lecture des sentences prononcées depuis une estrade placée à gauche de la porte principale de la Maison-de-ville. On y procédait aussi à l'exécution d'ouvrages réputés dangereux, uniquement, parce qu'ils étaient l'œuvre de quelque grand penseur.*) C'est là que les livres de Rousseau furent lacérés publiquement par les mains du bourreau, puis ensuite brûlés. Voici à ce propos les extraits des registres officiels de 1762 :

« Sur le rapport fait au Conseil qu'il paraissait deux ouvrages du sieur Jean-Jacques Rousseau, l'un sous le titre d'*Emile* ou *Traité de l'Education*, l'autre ayant pour titre le *Contrat social*, et que ces deux ouvrages contiennent des maximes dangereuses et par rapport à la religion et par rapport au gouvernement, arrêté de faire saisir et de mettre sous le scellé les

---

*) C. Fontaine-Borgel. Nouvelle description historique et monumentale de l'Hôtel-de-Ville de la république et canton de Genève.

dits ouvrages chez tous les marchands libraires, de leur faire provisionnellement défense d'en débiter aucun exemplaire, et de charger les Seigneurs scholarques de les examiner et d'en faire rapport au Conseil, pour, ensuite du dit rapport, être ordonné ce qu'il appartiendra. »

Du 18 Juin 1762.*)

« Ouï le rapport de M. Lullin de Châteauvieux, Seigneur Lieutenant, et vu le verbal du sieur Auditeur Bonet du 16 du présent mois, au sujet des ouvrages du sieur Jean-Jacques Rousseau dénoncés, dont il est fait mention ci-devant sous la date du 11 de ce mois, arrêté que les exemplaires de l'ouvrage intitulé *Emile* ou *Traité de l'Education,* que le dit sieur Auditeur a mis sous le scellé, et tous autres qui pourraient être découverts, seront saisis et rapportés en chancellerie, renvoyant de délibérer à demain sur ce qu'il y a à faire par rapport aux dits ouvrages et par rapport à l'auteur. »

Du 19 Juin 1762.

« Vu les conclusions du sieur Procureur général et ouï le rapport des Seigneurs scholarques sur deux livres intitulés : le premier, du *Contrat social* ou *Principes du droit politique* par *Jean-Jacques Rousseau,* citoyen de Genève, avec cette devise : « *Fœderis æquo dicamus leges* » (Eneid. J. L.), imprimé à Amsterdam. chez Marc-Michel Rey, 1762 ; le second, *Emile,* ou de l'*Education*, par *J.-J. Rousseau,* citoyen de Genève, ayant pour devise : « *Sanabilibus æquotamus malis ipsoque nos in rectum genitos, natura, si emendavi velimus*

---

*) C. Fontaine-Borgel. Nouvelle description de l'Hôtel-de-ville de Genève.

juvat » (Seneco, de ira, cap. 13), imprimé à Amsterdam, chez J.-J. Neaulme, libraire, 1762, avec privilège de nos seigneurs des Etats de Hollande et de Westhire, l'avis a été de condamner les livres susmentionnés à être lacérés et brûlés par l'exécuteur de la Haute-Justice, devant la porte de l'Hôtel-de-ville, comme téméraires, scandaleux, impies, tendant à détruire la religion chrétienne, et tous les gouvernements ; faisant très expresses prohibitions et défenses à tous les imprimeurs, libraires et colporteurs, de les imprimer, vendre ou distribuer, enjoignant à quiconque en aurait des exemplaires de les rapporter en chancellerie, dans l'espace de trois jours, pour y être supprimés, lequel jugement a été prononcé huis ouverts et mis à exécution.

« On a opiné ensuite sur ce qu'il y a à faire par rapport à la personne du dit *J.-J. Rousseau* absent, et l'avis a été qu'au cas qu'il vienne dans la ville ou dans les terres de sa Seigneurie, il devra être saisi et appréhendé, pour être ensuite prononcé sur sa personne ce qu'il appartiendra. On a lu une lettre du sieur Sellon, adressée de Paris le 12 de ce mois, à Noble Lullin, secrétaire, à laquelle il était joint un arrêt du Parlement de Paris du 11, qui condamne au feu *Emile* ou *Traité de l'Education*, l'un des ouvrages de *Rousseau* susmentionnés, le décrète de prise de corps et annote ses biens ; dans cette lettre le sieur Sellon demandant qu'on veuille l'informer de ce qui sera ordonné à Genève sur cet objet, l'avis a été de l'informer du jugement ci-dessus et de le charger de témoigner à S. E. M. le comte *de Choiseul*, que le Conseil a vu avec beaucoup de déplaisir, qu'un homme qui se dit citoyen de Genève, et qui, dans l'espace de quarante ans, n'y a séjourné que quelques semaines, a été assez téméraire pour oser composer des ouvrages si dangereux.

Noble Tronchin cite qu'hier M. le Résident de France l'avait prié de lui faire savoir ce qui serait aujourd'hui prononcé sur les ouvrages de Rousseau, l'avis a été d'autoriser le dit Noble Tronchin à faire part à M. le Résident du jugement prononcé contre eux et de ce qui a été ordonné par rapport à la personne de l'auteur, en l'informant en même temps de la commission donnée sur cet objet au sieur Sellon, pour S. E. M. le comte de Choiseul. »

En marge de cette dernière séance du Conseil on lit cette annotation*) :

« Par arrêté du M. C. du 2 Mars 1791, il a été dit que le Conseil ne pense pas que les décrets contre le sieur Rousseau portent atteinte à l'honneur de ce grand écrivain, et que ce qu'ils présentent de rigoureux contre lui se trouve nul et de nul effet, parce qu'il n'a jamais été ouï. — « Et que cet arrêté sera inscrit en marge du registre où sont consignés ces décrets. »

(S.) De Rochemont.

2 Mars 1791. **)

On a répondu aux deux propositions faites le 3 de Janvier dernier, relativement à J.-J. Rousseau :

1) Que les règles de l'ordre judiciaire ne permettent pas au Conseil de révoquer les décrets rendus contre

---

*) C. Fontaine-Borgel. Nouvelle description de l'Hôtel-de-ville. Ce dernier arrêté fut pris ensuite d'une proposition présentée au Conseil des Deux cents, le 3 Janvier 1791, d'abolir le décret rendu contre Rousseau et de lui élever une statue sur le pied de laquelle on inscrirait qu'elle est destinée à effacer l'outrage qu'il a reçu de cet Etat.

**) Extrait des registres du Conseil.

Rousseau, mais qu'il ne pense pas que ces décrets portent atteinte à l'honneur de ce grand écrivain; que d'ailleurs ce qu'ils présentent de rigoureux contre lui se trouve nul et de nul effet, parcequ'il n'a jamais été ouï, ce qui sera inscrit en marge de l'année 1762, où ces décrets sont consignés.

2) Que les grands hommes auxquels Genève doit son existence et sa conservation n'ont point de statues, mais que les citoyens leur ont élevé un monument dans leurs cœurs, qu'il n'en est aucun qui soit plus durable et qui convienne davantage à un Etat, où tout devrait rappeler sans cesse à la simplicité et à la modestie de nos ayeux.

Genève jouissait depuis vingt-cinq ans d'une paix profonde, lorsque tout à coup les deux livres de J.-J. Rousseau, le *Contrat social* et l'*Emile*, vinrent agiter les esprits. — Souveraine et indépendante de droit par le fait, mais placée par le traité de 1738 sous la protection des puissances-médiatrices, la république était exposée à voir les différents entre les citoyens et les Conseils réglés par l'intervention étrangère.

Les pouvoirs constitués étaient alors le Conseil des 25, celui des 200 (depuis 1738 Conseil des 250) et le Conseil général. Par l'art. 6 de l'acte de médiation, les médiateurs stipulaient que rien ne serait porté au Conseil général (composé de tous les Genevois électeurs) qui n'eut été traité et approuvé dans les Conseils supérieurs. L'art. 7, par contre, stipule que tout citoyen est en droit de faire les représentations qu'il jugera convenables au fin de l'Etat, en les remettant aux Syndics ou au Procureur général. L'intention des médiateurs était de donner au peuple un droit effectif, et qu'en certains cas les représentations du peuple eussent leur effet.

C'est de la collision de ces deux articles 6 et 7 que prit naissance le différend qui agita Genève pendant de longues années et qui ne prit fin qu'en 1768. La véritable cause du différend était plutôt dans l'état des esprits vivement excités par un excès de zèle des Conseils supérieurs.

Le gouvernement de Genève était une aristocratie. Le Conseil des 200 élit les conseillers, il surveille l'administration des affaires publiques, la justice civile et criminelle, la police, les finances. Il n'y a point d'appel au peuple sur tous ces objets, et jusque là le gouvernement de Genève est bien une aristocratie. Le droit de paix ou de guerre, celui de lever des impôts, de faire ou d'abroger des lois, l'élection des 4 premiers magistrats, appelés syndics, placés à la tête de tous les Conseils, ainsi que celle du Procureur général, l'homme du peuple, en quelque manière comme l'était le tribun du peuple de Rome, voilà les attributs du Conseil général, c'est-à-dire du corps des citoyens depuis l'âge de 25 ans. C'est le caractère de la démocratie.

Afin de ne pas faire *dégénérer* en démocratie l'organisme de la république de Genève, les auteurs du réglement de médiation de 1738 y avaient introduit un contre-poids.— Aucune affaire ne pouvait être portée devant le Conseil général avant qu'elle eut été traitée par les Conseils supérieurs et approuvée par le Conseil des 200. Devant le Conseil général personne n'opine, on propose simplement, et le peuple, comme le faisait celui de Rome, se rend au scrutin, approuve ou rejette. Le peuple genevois n'avait cependant pas le privilège qu'avait celui de Rome, de se faire proposer des lois par les tribuns, qui étaient de vrais magistrats.

Ce fut en 1762, que J.-J. Rousseau, *cet homme malheureusement célèbre*, comme le dit le Conseil de Genève, publia à Amsterdam son *Emile*, et peu de temps après son *Contrat social*. La faculté de théologie et l'archevêque de Paris crurent de leur devoir de porter plainte contre le premier de ces livres, tendant évidemment et visiblement à saper la religion chrétienne dans ses fondements. Dans la profession de foi du vicaire savoyard on trouve un système de déisme manifeste, mais en même temps le plus beau système de religion naturelle.

Rousseau vivait alors près de Paris; lorsqu'il fut décrété de prise de corps par le Parlement, il peut s'évader, parce qu'on n'avait aucune envie sérieuse de le prendre. Il se retire à Yverdon, où il fut accueilli par un ancien ami, et où il se concilia l'amitié de tous par la candeur et la douceur de son commerce. Le magistrat de Genève, réveillé par le zèle de ses ministres, délibéra sur le contenu du *Contrat social* et fit rapport par le Procureur général Tronchin, qui conclut que l'un des livres contenait des attaques sapant les dogmes de la religion chrétienne, et l'autre s'attaquait à la base du gouvernement, en attribuant au peuple le droit de retirer le pouvoir confié à ses magistrats, quand il jugerait que ceux-ci ne gouvernent plus à son gré.

On délibéra, et tous les avis ne furent pas également rigides, mais enfin l'opinion de la rigueur prévalut; les deux livres furent condamnés à être brûlés par la main du bourreau, et l'auteur décrété de prise de corps pour lui être fait procès. Cet événement en produisit un autre.

Le 22 Juin 1762, trois jours après le décret contre Rousseau, le citoyen Pictet écrivait une lettre au sieur Duvillard, qui la publia et la répandit dans le public. Cette lettre inculpait le Conseil d'avoir flétri Rousseau, un citoyen qui avait bien mérité de la patrie par ses démarches et par ses écrits. Dans cette lettre on accusait le Conseil d'avoir voulu faire sa cour à celle de Versailles et réparer le mal que M. d'Alembert peut avoir fait dans l'article « *Genève* » de l'encyclopédie. Et l'auteur disait : Que font à la cour de Versailles les sentiments de Rousseau et de la république? S'y occupe-t-on de délits aussi minimes? Paris bien, mais qu'a à faire Genève en cette querelle, l'ouvrage n'a point été imprimé dans la ville, il n'a point son approbation. La république est-elle comptable de la façon de penser des citoyens absents, elle aurait bien à faire de justifier en matière de religion le sentiment de la plupart de ceux qui vivent dans son sein.

Le sentiment démocratique se trahissait dans cette lettre, cela n'empêcha pas, bien au contraire, de condamner l'auteur et l'éditeur à demander pardon à Dieu et à leurs Seigneuries et à les suspendre de leurs droits.

Le 7 Juillet 1762 l'auteur de la lettre se dénonce lui-même. Le 12 on décide de former un tribunal légal et l'auteur est cité à paraître devant le Conseil pour y être grièvement censuré, demander pardon à Dieu et à sa Seigneurie de son délict et être suspendu du Conseil des 200 et des droits honorifiques de la bourgeoisie pendant un an. La lettre par lui écrite est lacérée en sa présence et jointe au registre et à ses dépens. Le libraire Duvillard fut aussi condamné à être amené au Conseil pour *sentir* une griève censure, à demander pardon à Dieu et à sa Seigneurie et à être suspendu des droits honorifiques de la bourgeoisie pendant six mois. Les citoyens genevois attaquent ces sentences, ils objectent que l'arrêt est rendu par un tribunal qui n'a pas été présidé par un syndic, conformément à ce que prescrit l'art. X des édits criminels. Ils objectent que la lettre du citoyen Pictet ne contenait rien de contraire à la religion, cependant on veut que son auteur demande pardon à Dieu. Le délit, si délit il y a, est un vulgaire délit commun, comme celui de casser des vitres ou tout autre acte troublant la paix publique. Ce procédé repose sur un dogme de St-Paul qui dit que nos corps sont des temples hantés par le St-Esprit.

Dans ce temps, le Conseil de Berne, informé du séjour de Rousseau à Yverdon, invite le bailli à l'expulser. Rousseau se rend à Motiers, où il est persécuté par le pasteur de Montmollin. Et cependant l'auteur d'*Emile* n'a en rien provoqué la colère du pasteur, il a demandé à s'approcher de la table sainte ce qui lui fut accordé, il passa la journée entière du jeûne dans le temple de Motiers.

Enfin le peuple de Genève, ou plutôt les citoyens partisans de Rousseau, observaient que le jugement rendu contre lui et deux de ses ouvrages l'avait été sans que l'auteur ait été ouï ni appelé et malgré les dispositions de l'art. 88 des édits ecclésiastiques.

En ce qui concerne les citoyens Ch. Pictet, auteur d'une lettre, et Eman. Duvillard, fils, les tribunaux n'avaient point été présidés par des syndics.

Enfin, en ce qui concerne les livres, il aurait été saisi 24 exemplaires d'*Emile*, sans qu'ils eussent été prohibés, malgré l'offre faite de les renvoyer hors du territoire de la république, au sieur Berdin, libraire.

Pour ces motifs, les citoyens demandaient à ce qu'il « plaise au Magnifique Conseil redresser le jugement par amour pour le maintien des lois, mais ils déclarent en même temps, qu'une simple résolution négative, loin d'infirmer cette respectueuse représentation, lui donnerait une nouvelle force. »

Pendant que cette agitation se produisait, J.-J. Rousseau adressait au syndic Favre la lettre qui suit:

Copie d'une lettre de M. J.-J. Rousseau à M. Favre, premier syndic de Genève, du 12 Mai 1763.

Monsieur,

Revenu du long étonnement où m'a jetté de la part du Magnifique Conseil le procédé que j'en devais le moins attendre, je prends enfin le parti que l'honneur et la raison me prescrivent, quelque cher qu'il coûte à mon cœur. Je vous déclare donc, Monsieur, et je vous prie de déclarer de ma part au Magn. Conseil que j'abdique à perpétuité mon droit de bourgeoisie et de cité dans la ville et république de Genève; ayant rempli de mon mieux les devoirs attachés à ce titre, sans jouir d'aucun de ses avantages, je ne crois point être en reste en le quittant.

J'ai tâché d'honorer le nom genevois, j'ai tendrement aimé mes compatriotes, je n'ai rien oublié pour me faire aimer d'eux; on ne saurait plus mal réussir.

Je veux leur complaire jusque dans leur haine; le dernier sacrifice qui me reste à faire, est celui d'un nom qui me fut si cher.

Mais, Monsieur, ma patrie, en me devenant étrangère, ne peut me devenir indifférente, je lui resterai toujours attaché par un tendre souvenir, *et je n'oublie d'elle que les outrages.*

Puisse-t-elle abonder en citoyens meilleurs, et surtout plus heureux que moi. Puisse-t-elle prospérer toujours, et voir augmenter sa gloire.

Recevez, Monsieur, je vous supplie, les assurances de mon profond respect.

J.-J. Rousseau.

Cette lettre sera mieux comprise accompagnée par celle que Jean-Jacques écrivit à un citoyen, qui prit la liberté de critiquer la détermination qu'il avait cru devoir prendre.

Lettre de J.-J. Rousseau à un citoyen de Genève, du 26 Mai 1763.

Je vois, Monsieur, par la lettre dont vous m'avez honoré le 18 de ce mois, que vous me jugez bien légèrement dans mes disgrâces ; il en coûte si peu d'accabler les malheureux qu'on est presque toujours disposé à leur faire un crime de leur malheur.

Vous dites que vous ne comprenez rien à ma démarche ; elle est cependant aussi claire que la triste nécessité qui m'y a réduit. Flétri publiquement dans ma patrie, sans que personne eût réclamé contre ma flétrissure ; après dix mois d'attente j'ai dû prendre le seul parti propre à conserver mon honneur si cruellement offensé.

C'est avec la plus vive douleur que je m'y suis déterminé, mais que pouvais-je faire ? Demeurer volontairement membre de l'Etat, après ce qui s'était passé, n'était-ce pas consentir à mon déshonneur ;

je ne comprends pas comment vous osez me demander ce que m'a fait ma patrie. Un homme aussi éclairé que vous ignore-t-il que toute démarche publique faite par le magistrat est censée faite par tout l'Etat, lorsqu'aucun de ceux qui ont droit de la désavouer, ne la désavoue. Je ne dois pas seulement aux Genevois, je le dois encore à moi-même, au public dont j'ai le malheur d'être connu, à la postérité, de qui je le serai peut-être.

Si j'étais assez sot pour vouloir persuader au reste de l'Europe que les Genevois ont désapprouvé le procédé de leur magistrat, ne se moquerait-on par de moi? Ne savons-nous pas, me dirait-on, que la bourgeoisie a droit de faire des représentations dans toutes les occasions où elle croit les lois lèsées, et où elle improuve la conduite des magistrats? Qu'a-t-elle fait dans celle-ci, depuis près d'un an que vous avez attendu? Si cinq ou six bourgeois seulement eussent protesté, on pourrait vous croire sur les sentiments que vous leur prêtez.

Voilà monsieur, ce qu'on me dirait, et ce qu'on aurait raison de me dire. On ne juge pas les hommes sur leurs pensées, on les juge sur leurs actions.

Il y avait peut-être divers moyens, de me venger de l'outrage, mais il n'y en avait qu'un de le repousser sans vengeance, et c'est celui que j'ai pris.

Ce moyen qui ne fait de mal qu'à moi, doit il m'attire des reproches, au lieu de consolations que je devais espérer?

Vous me dîtes que je n'avais point de droit de demander l'abdication de ma bourgeoisie, mais le dire n'est pas le prouver. Nous sommes bien loin de compte, car je n'ai pas prétendu demander cette abdication, mais la donner. J'ai assez étudié mes droits pour les connaître, quoique je ne les aye exercés qu'une fois seulement pour les abdiquer. Ayant pour moi l'usage de tous les peuples, l'autorité de la raison, du droit naturel de Grotius, de tous les jurisconsultes, et même l'aveu du Conseil, je ne suis pas obligé de me régler sur votre erreur. Chacun sait que tout pacte, dont une des parties enfreint les conditions, devient nul pour l'autre. Quand je devais tout à la patrie, ne me devait-elle donc rien? J'ai payé ma dette, a-t-elle payé la sienne? On n'a jamais droit de la déserter, je l'avoue, mais quand elle nous rejette, on a toujours droit de la quitter, on le peut dans le cas que j'ai spécifié, et même on le doit dans le mien. Le serment que j'ai fait envers elle, elle l'a fait envers moi. En violant les engagements, elle m'affranchit des miens, et en me les rendant ignominieux, elle me fait un devoir d'y renoncer.

Vous dites que si les citoyens se présentaient au Magnifique Conseil, pour demander pareille chose, vous ne seriez pas surpris qu'on les incarcérat; ni moi non plus, je n'en serais pas surpris, parce que rien d'injuste ne doit surprendre de la part de quiconque a la force en mains, mais bien qu'une loi qu'on n'observe jamais, défende au citoyen qui veut demeurer tel, de sortir sans congé du territoire, comme on n'a pas besoin de demander l'usage d'un droit qu'on a. Quand un Genevois veut quitter la patrie, pour aller s'établir dans un pays étranger, personne ne songe à lui en faire un crime, et on ne l'incarcérera point pour cela.

Il est vrai qu'ordinairement cette renonciation n'est pas solennelle, mais c'est qu'ordinairement ceux qui la font n'ayant pas vécu des affronts publics, n'ont pas besoin de renoncer publiquement à la société qui les leur a faits.

Monsieur, j'ai attendu, j'ai médité, j'ai cherché longtemps, s'il y avait quelques moyens d'éviter une démarche qui m'a déchiré, je vous avais confié mon honneur, o Genevois, et j'étais tranquille. Mais vous avez si mal gardé ce dépôt, que vous me forcez de vous l'ôter.

Mes bons anciens compatriotes, que j'aimerais toujours, malgré votre ingratitude, de grâce ne me forcez pas par vos propos durs et malhonêtes de faire publiquement mon apologie, épargnez-moi dans ma misère, la douleur de me défendre à vos dépends.

Souvenez-vous, Monsieur, que c'est malgré moi que je suis réduit à vous répondre sur ce ton, la vérité dans cette occasion n'en a pas deux. Si vous m'attaquiez moins rudement, je ne chercherais qu'à verser mes peines dans votre........

Votre amitié me sera toujours chère, je me ferai toujours un devoir de la cultiver. Mais je vous conjure, en m'écrivant, de ne pas me la rendre cruelle, et de mieux consulter votre bon cœur.

Jean-Jacques Rousseau considéré comme citoyen de Genève et comme littérateur genevois.*) — Tandis que Voltaire exerçait dans Genève et en Suisse une influence que l'on appréciait diversement, mais qui à coup sûr était immense, un citoyen de cette ville qui dès l'adolescence avait semblé faire divorce avec sa patrie, commençait à remplir l'Europe du bruit de son nom. En dépit de ruptures apparentes, le lien qui attachait cet homme illustre à Genève, ne cessa jamais d'exister. Il est de secrètes sympathies qui survivent à tout et toujours. Ce serait un travail curieux à faire que de considérer Jean-Jacques au point de vue exclusivement genevois, en suivant dans ses divers ouvrages, toutes les traces, tous les signes qui peuvent sentir et rappeler le terroir. Nous n'entreprendrons pas cette tâche dans son entier, mais cependant, nous voulons essayer de démontrer pourquoi Jean-Jacques n'aurait pu être Jean-Jacques ailleurs qu'à Genève, et comment ses impressions de jeunesse durent nécessairement donner à son esprit méditatif cette tournure qui en a fait une individualité si éminente et si caractérisée.

Un critique célèbre, M. *Sainte-Beuve,* dans un article de ses *Causeries du Lundi* sur les Confessions de Jean-Jacques Rousseau (4 Novembre 1850), fait cette remarque judicieuse que les premières pages sont trop accentuées, assez pénibles, et qu'on y trouve tout d'abord un vide *occasionné* (expression de Rousseau) par un défaut de mémoire.

Un auteur genevois, le *Baron de Grenus,* a de son côté fourni les preuves de ces erreurs qui signalent les deux premiers livres des *Confessions.* Il montre que Rousseau était dans une ignorance de bonne foi sur sa parenté paternelle et maternelle, sur la position de sa famille, qui d'un côté était plus relevée et de l'autre plus infime qu'il ne le croyait. Ces deux livres doivent être envisagés, selon lui, comme de simples réminiscences, dont la couleur dépendait essentiellement de la situation d'esprit de l'auteur au moment où il les écrivait, comme aussi de vagues souvenirs d'enfance qu'une vie

---

*) Bulletin de l'Institut national genevois. Tome III, 1855. — Etudes sur l'histoire littéraire de la Suisse française particulièrement dans la seconde moitié du XVIIIme siècle (par E. H. Gaullieur). — Mémoire couronné en 1854 par la section des lettres de l'Institut genevois.

toujours errante avait encore contribué à altérer. (*Notices biographiqnes sur des membres de la famille Grenus.*)

Un autre historien genevois, M. Galiffe, dit que la famille dont était le célèbre Jean-Jacques (*notices généalogiques sur les familles genevoises, T. II, p. 310*), originaire de Paris, était sur un très bon pied à Genève, à son arrivée vers 1555. Les liaisons avec la noble famille de Budé, venue du même lieu et dans le même temps donnent lieu de supposer qu'elle était noble aussi. (M. *Galiffe montre que Rousseau était allié aux familles Passavant, Revilliod, Butini. Une cousine germaine de son père avait épousé Jean Trembley, dont la famille était une des plus puissantes de la république.*) Au reste ses défauts étaient éminemment ceux d'un très grand nombre de ses concitoyens ; il était aussi genevois que possible, autant par ses mauvaises que par ses bonnes qualités.

M. de Grenus s'est livré à une autre recherche généalogique sur Jean-Jacques Rousseau, qui a aussi son intérêt. Il explique la pureté de son style et la supériorité avec laquelle il mania la langue française, par cette raison qu'en remontant l'ascendance de Jean-Jacques par tous ses rameaux, aussi bien par les hommes que par les femmes, on découvre que Rousseau n'a eu pour ascendants que des personnes originaires de pays où la langue française était nationale.

Jean-Jacques Rousseau, sans s'en douter, partageait plusieurs des antipathies calvinistes qui distinguaient les Genevois. Il était plein de ce qu'on pourrait appeler des *idiotismes* ou des idées et des préjugés du cru. Les littérateurs parisiens les lui reprochaient et lui s'en faisait gloire. (Lamartine lui-même dit sottement que l'*Emile* contient un peu de grec, un peu de latin et beaucoup de suisse.) Il recherchait la société genevoise à l'étranger, et il aimait à s'entretenir de la patrie absente. La dédicace du fameux discours *sur l'origine de l'inégalité parmi les hommes* (1753), montre à quel point Rousseau aimait sa patrie. Elle porte : « *A la république de Genève.* » Il s'adresse à ses magistrats et son langage, d'un bout à l'autre de ce morceau, qui est fort long, est un chef-d'œuvre de diction, de convenance et de profondeur. Jamais un tel français n'avait été entendu sur nos rives.

Quand parut dans l'Encyclopédie ce fameux article *Genève*, où d'Alembert recommandait si chaudement et si maladroitement le spectacle, Rousseau, du fond de sa solitude de *Montmorency*, se lança dans le débat et traça de la vie genevoise, de ses occupations, de ses amusements, de ses fêtes, un tableau enchanteur. Jamais il ne fut mieux inspiré. On sait combien de réponses fit naître cette admirable lettre, de la part de d'Alembert, de Marmontel, de l'abbé de la Porte et de tant d'autres, et à quel point elle excita la colère de Voltaire. Rousseau qui faisait encore cause commune avec le clergé de Genève, écrivait à Jacob Vernet, le 26 Novembre 1760 : « Ainsi donc, la satyre, le noir mensonge, les libelles, sont devenus les armes des philosophes et de leurs partisans ! Ainsi paie M. de Voltaire l'hospitalité, dont par une funeste indulgence Genève use envers lui ! Ce fanfaron d'impiété, ce beau génie, cette âme basse, cet homme si grand par ses talents et si vil par leur usage, nous laissera de longs et cruels souvenirs de son séjour parmi nous ! La ruine des mœurs, la perte de la liberté qui en est la suite inévitable, seront chez nos neveux les monuments de sa gloire et de sa reconnaissance ! »

Mais l'accord entre notre philosophe, le clergé et le gouvernement de Genève ne durera pas longtemps. Déjà dans l'affaire du spectacle, on l'avait accueilli comme un auxiliaire un peu étrange et embarrassant, à cause des ouvrages dramatiques dont il était lui-même l'auteur. Quand parut l'*Emile* d'abord, puis le *Contrat social*, la rupture éclata et Genève ne sévit pas moins que Paris contre ces ouvrages. Vernet écrivit que la *Profession de foi du vicaire Savoyard* était empruntée aux lettres de Mlle Huber de Lyon, *sur la religion essentielle à l'homme, distinguée de ce qui n'en est que l'accessoire.* Lamartine est plus affirmatif encore. Il accusa Rousseau d'avoir un secret projet de république qui embrassait à la foi un système politique et un plan de *religion civile.* Il voulait, disait-il, substituer au christianisme qui était trop abstrait pour devenir la base d'une religion nationale, une autre religion, artificielle, sorte de milieu entre le christianisme et le déisme. *)

---

*) Quand parut le célèbre discours de J.-J. Rousseau sur la question proposée par l'Acad. de Dijon : « *si le rétablissement des sciences et des arts a contribué à épurer les mœurs* », Jacob Vernet le réfuta en latin. Cela prouve que l'éloquence française n'était pas encore en grand honneur à Genève. La réfutation parut dans le *Museum Helveticum*, partie 23me, année 1752, sous ce titre :

Comme l'édifice politique ne reposait à Genève que sur la parfaite entente du pouvoir civil et du pouvoir religieux, entente qui était le résultat d'une sorte de compromis, formant, à vrai dire, la seule base du droit public, on comprend que les nouvelles doctrines de Rousseau durent exciter de vives alarmes. A l'exemple du parlement de Paris, et seulement 9 jours après (le 19 Mai 1762), le gouvernement de Genève fit lacérer par la main du bourreau l'*Emile* et le *Contrat social*. Cette sentence excita dans une partie de la bourgoisie genevoise, enthousiaste de Rousseau, un mécontentement d'autant plus légitime qu'en même temps les œuvres de Voltaire, bien autrement hardies, s'imprimaient à Genève, chez des magistrats genevois, intéressés dans les spéculations de librairie et hôtes habituels de Ferney. Les partisans de Rousseau montrèrent une grande constance dans leurs réclamations, et cette affaire fut réellement le nœud de toutes les questions politiques, philosophiques et littéraires qui se débattirent alors dans la Suisse française.

Au fond, qu'avait fait Rousseau dans ses écrits incriminés? Il n'avait fait que suivre et développer l'idée du protestantisme, idée que le parti du pouvoir aurait voulu immobiliser, moins à son profit peut-être qu'à celui d'un peuple qu'il croyait fait pour rester sous tutelle. Le système religieux de Calvin qui repose sur l'élection et la prédestination, devait nécessairement conduire à l'aristocratie dans un Etat théocratico-politique, tel que celui de Genève. L'élection, la grâce accordée en petit nombre en religion, menaient tout droit en politique à l'oligarchie, à l'aristocratie bourgeoise. La liberté qui devait sortir de là ne pouvait être que restreinte, impopulaire et suspecte à la masse du peuple. Celle-ci, à mesure qu'elle s'éclairait un peu, demandait compte de ce système et manifestait son mécontentement contre des tendances exclusives. De là les tiraillements, les querelles, les prises d'armes. Le peuple se servait à son tour d'une arme que lui avait fournie le protestantisme, l'esprit d'examen, et c'est de ce principe que devait sortir notre système politique moderne, la république.

« Oratio academica habita Genevæ anno 1751, adversus libellum Gallicum quo elegantissimus scriptor contendit per artes et scientias ante dua secula restauratas, mores hominum non fuisse perpolitos sed corruptos potius. »

Jean-Jacques Rousseau fut l'apôtre éloquent et nécessaire de cette nouvelle foi politique. Dans l'*Emile* et dans le *Contrat social*, il refait l'éducation de l'homme et de la société. Il réédifie là où Voltaire et les encyclopédistes n'avaient fait que détruire. Il commence à ramener l'homme à sa nature et à ses devoirs, renverse le dogme de l'égoïsme, et le remplace par celui du dévouement social. Puis, il discute le droit des nations à poser les bases de leurs gouvernements : il proclame la souveraineté du peuple, et fait tomber toutes ces fictions intermédiaires entre la monarchie ou le despotisme et la démocratie, au moyen desquelles l'aristocratie bourgeoise aurait voulu continuer son ère et se perpétuer au pouvoir. Il est facile de comprendre la masse d'idées que, dans les républiques très mal organisées de la Suisse, les écrits de Rousseau devaient remuer.

Rousseau fut en Suisse mille fois plus populaire que Voltaire, qui, en politique, n'allait guère plus loin que la monarchie anglaise, et qui resta aristocrate dans toutes ses allures. Les griefs des représentants vinrent se grouper autour de la cause du philosophe genevois, devenue en quelque sorte, et malgré lui, la cause du pays. *Les lettres de la montagne* (1764) parurent au milieu de cette effervescence. C'est encore un livre tout genevois, dans lequel Rousseau montre une connaissance profonde de l'histoire et de l'ancienne constitution de sa patrie. En vain Voltaire voulut-il jeter son persifflage au milieu de cette tempête qui l'offusquait. *La guerre civile de Genève* ou *les amours de Robert Covelle*, poëme héroïque, augmenté du portrait de J.-J. Rousseau. A Besançon, chez Nicolas Grandvel, 1769. La *guerre civile* était le refus qu'avait fait le citoyen Covelle de fléchir le genou en consistoire, n'excita ni le rire, ni la colère et la cause populaire finit par remporter en 1768 sur le parti *négatif*, une véritable victoire, qui fut le signal de la guerre livrée à toutes les aristocraties grandes et petites dans notre Europe à la fin du siècle. Les grands principes proclamés en France, et dans le monde en 1789, n'étaient autres que ceux proclamés par Rousseau à Genève en 1762. C'est l'éloquence de ce citoyen qui procura leur triomphe. Et cette éloquence elle-même, qu'était-elle autre chose que le fruit de son éducation, de ses luttes, de ses méditations sur sa patrie, sur sa jeunesse, sur ses misères ? A ce titre, notre illustre compatriote nous appartient tout entier. Il ne pouvait être Rousseau qu'à Genève comme Démosthènes ne pouvait être Démosthènes qu'à Athènes. L'éloquence de Rousseau ressemble quelquefois singulièrement à celle du prédicateur en chaire. On fait la remarque que la seconde partie de la *Nouvelle Héloïse* tenait plus du prêche que du roman. S'il fut demeuré à Genève, s'il eut suivi, comme tant de ses compatriotes, la carrière ecclésiastique, cette éloquence qui a conservé un caractère si littéraire, aurait pris facilement peut-être une tournure théologique. Jean-Jacques aurait été sans doute un prédicateur de premier ordre. Il savait quand il voulait, prendre dans ses lettres un ton exclusivement genevois. On dirait un horloger qui a reçu de l'éducation. Qu'on lise entr'autres la lettre datée de Môtiers-Travers le 30 Août 1762, et adressée à Jacob Vernet qui commence ainsi : «*Epuisé* en ports de lettres anonymes, j'ai d'abord déchiré etc. » et qui finit par cette phrase : «*Je crois devoir vous prévenir etc.....* »

Dans ces autres écrits, on voit encore dominer l'inspiration du sol. L'idée de la *Nouvelle Héloïse* lui vint dans une course de 2 ou 3 jours à Vevey, durant laquelle une douce émotion ne le quitta point. « L'aspect du lac et de ses côtes eut toujours à nos yeux, dit-il, un attrait particulier que je ne saurais expliquer. » « Dans ce voyage de Vevey, je pris pour cette ville un amour qui m'a suivi dans tous mes voyages, et qui m'y a fait établir enfin le héros de mon roman. » On sait d'ailleurs que Mme de Warens était une demoiselle de la Tour de Chailly, près de Clarens, et que Rousseau pensait à la jeunesse de cette femme quand il traçait le portrait de Julie. Dans sa description du Valais, dans celle du Val de Travers, qu'il adressa au maréchal de Luxembourg, 1777, Rousseau montre une parfaite connaissance de la topographie et du paysage suisse dans ces régions moyennes.

CHAPITRE V.

J.-J. Rousseau dans les Etats du roi de Prusse.

Le Maréchal Keith, noble écossais, vieilli au service du roi de Prusse, avait reçu de celui-ci le gouvernement de Neuchâtel, comme retraite pour ses vieux jours. C'était un beau vieillard, bon et plein de charité, auquel s'adressa Jean-Jacques, quand, en Juillet 1762, il vint chercher un asile dans le village de Motiers-Travers. Le gouverneur du roi accueillit le proscrit avec bienveillance, il facilita son installation, le protégea et vint même lui rendre visite depuis son château de Colombier où il passait l'été.

Jean-Jacques, de son côté, faisait tous les 15 jours le voyage de Motiers à Colombier pour voir le gouverneur, chez lequel il passait 24 heures; une certaine intimité s'établit entre ces deux hommes si différents l'un de l'autre, — l'Ecossais digne représentant de cette caste de nobles, fidèles et dévoués à la royauté, le Genevois fervent admirateur des théories égalitaires qui commençaient à trouver des adeptes dans les classes éclairées et même dans les masses.

Rousseau appelait le Maréchal son père et son ami, et cette fois-ci le pauvre proscrit se trompa moins que précédemment. Lord Keith se chargea d'obtenir du roi de Prusse la permission pour son protégé de séjourner en ses Etats, et Frédéric-le-Grand accorda non seulement la permission, mais il fit envoyer à son gouverneur douze louis pour être remis à Rousseau.— Le brave Ecossais, embarrassé d'un pareil message, voulut transformer cet argent en bois et charbon pour le ménage de Rousseau, afin de ne pas le blesser, mais ce dernier refusa, tout en restant touché par cette marque d'attention.

Il y avait de quoi, Rousseau, citoyen de Genève, banni de sa ville natale, expulsé du territoire de la république de Berne, décrété en France, trouvait un abri dans les Etats du souverain qui passait alors pour un despote original. — C'est peu après la permission de séjour que la paix fut conclue; Rousseau, pour témoigner sa reconnaissance, prépara une illumination de très bon goût, consistant en guirlandes dont il orna sa modeste habitation. Rousseau pensait que le roi victorieux allait désarmer, vouer sa sollicitude à l'agriculture, au commerce, en un mot, aux travaux de la paix; il fut désagréablement trompé, et c'est à tel point qu'il se hasarda de faire par lettre des observations au roi. Frédéric reçut la lettre et ne répondit pas, mais plus tard il observa au gouverneur, qui s'était rendu à Berlin, que son protégé l'avait bien grondé.

Ici se place un simple fait qui aura des conséquences assez curieuses. — Nous lisons dans les *Confessions :* — « Peu de temps après mon établissement à « Motiers-Travers, ayant toutes les assurances possibles « qu'on m'y laisserait tranquille, je pris l'habit armé- « nien. Ce n'était pas une idée nouvelle; elle m'était

« venue diverses fois dans le cours de ma vie, et elle « me revint souvent à Montmorency. »

En effet, une infirmité dont souffrait Rousseau, lui faisait apprécier le costume large et commode des Orientaux, et il avait monté sa garde-robe d'un costume arménien complet.

C'est, une fois installé à Motiers, que le proscrit pense utiliser son costume; aussi, après avoir consulté le pasteur de Motiers, M. de Montmollin lui dit qu'il pourrait le porter même au temple, il endosse la veste, le cafetan, le bonnet fourré et la ceinture*), et c'est en cet équipage qu'il se rend à l'église. Il est évident que l'étrangeté du costume n'est pas pour rien dans le jugement que portèrent les habitants de Motiers sur leur hôte, ils ne savaient pas le motif qui poussait Rousseau à s'en affubler, ils n'avaient pas lu ses confessions. — Lamartine, qui les a lues et violemment critiquées, n'a pas cette excuse, car il dit : « A la « première rumeur produite à Paris par l'apparition de « son livre, il se sauve à Motiers-Travers, village de « Neufchâtel, sous la protection du roi de Prusse ; il « y revêt le costume d'Arménien, fantaisie grotesque « qui ressemble à un déguisement et qui n'est qu'une « affiche. Cette puérilité dans un philosophe européen « attire sur lui une attention qui s'attache plus à l'ha- « bit qu'à la personne. »

Pour qui connaît la vie de Rousseau à Yverdon, à Motiers et à l'île de St-Pierre, ce jugement paraîtra d'une partialité frisant plus que l'inexactitude. Chacun sait que, loin de rechercher le monde et de briguer

*) Il existe un portrait de J.-J. Rousseau dans ce costume à Montmorency et qui est peut-être le meilleur qu'on ait de lui.

les faveurs de la renommée, Rousseau recherchait la paix et la tranquillité. — A Yverdon il se fait petit et conseiller intime, à Motiers il se promet d'oublier la littérature, à l'île de St-Pierre il fuit par une trappe les obsessions des visiteurs, il donne sa parole au préfet de Nidau qu'il n'écrira plus rien, il sollicite du gouvernement bernois l'autorisation de rester prisonnier dans son île, afin de jouir au moins d'un asile en Suisse.

Il n'est point permis, quand on jouit d'une autorité incontestable comme écrivain et penseur, de tourner autour de la vérité et de railler aussi impitoyablement les actes d'un homme de génie, sur lesquels Lamartine jette le ridicule le plus passionné.

Installé à Motiers, Rousseau y passe avec Thérèse un premier hiver, il entretient des relations agréables avec ses voisins et voisines, il s'occupe du bonheur des autres, ses nouveaux amis le consolent à leur tour et lui font oublier ses maux et ses peines. Il était alors plus que jamais désireux de vivre en solitaire et de ne pas prêter flanc à de nouvelles persécutions. Il évitait les occasions de faire parler de lui, mais on s'occupait de sa personne malgré lui.

La *Nouvelle Héloïse* faisait sensation dans le monde littéraire, comme le *Contrat* dans le monde politique et l'*Emile* dans le monde ecclésiastique. Le premier provoquait l'admiration, les deux autres la stupeur. Déjà Rousseau pouvait dire : j'ai des amis dévoués et des ennemis acharnés.

Parmi les premiers nous citerons: Julie Bondeli*), jeune dame bernoise, pleine d'esprit et admirateur de

---

*) Julie Bondeli, l'amie de Rousseau et de Wieland, par J.-J. Schädelin.

Rousseau, elle lui écrivit et le proscrit lui répondit. Elle s'occupa beaucoup de lui pour le protéger et le recommander, ses hautes relations donnaient de la valeur à ses démarches; Musset Pathay, le biographe de Rousseau, regrette que l'on n'ait pas retrouvé trace de ces intéressantes correspondances.*) Julie Bondeli écrivit à un des amis de Rousseau, M. Moultou à Genève, elle se fit l'avocat du livre qu'elle admirait le plus, la *Nouvelle Héloïse*, et ce avec tant de chaleur et d'esprit, que Jean-Jacques, à qui on communiqua cette lettre, s'écria: « C'est le génie de Leibnitz et la plume de Voltaire! »

Julie Bondeli voulut connaître cet homme dont on disait tant de bien et tant de mal, elle vint à Motiers, elle demande une entrevue, car, dit-elle, je ne voudrais voir ni Platon, ni l'Antechrist sans autorisation. Rousseau tint compte de la qualité de la visiteuse, et une entrevue eut lieu. Le récit qu'en fait Julie Bondeli est certainement fort intéressant, car il nous peint dans un tableau parfait la physionomie de Rousseau:

« Sa position ordinaire est courbée, sa tête se penche « sur sa poitrine. Mais dès qu'il parle, il se relève et « ses gestes comme ses yeux effacent toute apparence « de faiblesse. Il a 53 ans (c'était une erreur, il avait « 50 ans), quand il parle, il n'en a que 30 et 80 quand « il ne parle pas. Sa parole est séduisante, comme son « style, doux et ferme, toujours sur le ton de l'en- « thousiasme. Il parle fort ou il se tait. — Sa santé « est mauvaise, quoiqu'il ne souffre pas énormément. « Il n'a plus de sommeil, et on ne peut pas comprendre

---

*) Une édition de cette correspondance a été publiée à Hannovre.

« qu'il soit encore vivant. Il est obligé de fendre du « bois pendant toute une journée pour pouvoir dormir « la nuit deux heures durant. Son état est cruel et « sans espérance. Ayant été une fois trompé par les « médecins, il persiste à ne plus vouloir prendre de « médicaments. Je mettrai toute mon éloquence en jeu « pour obtenir de lui qu'il prenne des calmants. Sa « misanthropie n'est autre chose qu'un besoin de soli- « tude (qu'en dit Lamartine?) et conséquence de sa « maladie. Justement comme certain personnage dé- « clare que le café est son principe vital, il en prend « énormément, il se lève dans la nuit pour en préparer, « afin de ne pas fatiguer sa ménagère. Il m'envoya ré- « cemment sa brochure sur « *l'imitation théâtrale* » « et en même temps une traduction de ce qu'a dit « Platon contre les peintres et poètes. »

Julie Bondeli se plaint néanmoins de Rousseau, elle dit qu'elle relève de ses lettres l'idée fixe d'être aimable envers une dame. Elle nous raconte également que le roi de Prusse Frédéric II, en apprenant que Rousseau avait refusé la somme d'argent qu'il avait envoyée pour lui à lord Keith, s'écria : « Ce désintéressement est un grand pas dans la voie de la vertu, si ce n'est pas la vertu elle-même. » Nous apprenons aussi par Julie Bondeli, que déjà son livre *Emile ou de l'éducation* avait fait des prosélites : le prince Louis de Wurtemberg faisait rigoureusement élever sa fille d'après les principes proclamés par Rousseau. Un Russe agissait de même pour son fils, on l'avait logé dans un grand panier et, avant de parler et de marcher, l'enfant était obligé de se traîner à quatre dans le panier qui lui tenait lieu de berceau, et d'en sortir pour se nourrir. La nécessité enfin enseignait au marmot à se tenir sur ses jambes (de derrière) et des jouets lui apprenaient à marcher.

Dès lors, plusieurs autres personnes imitaient cet exemple, plus de bouillie, plus de langes, ni de berceau! — La jeune mère met son enfant au panier, en 15 jours il s'accomode dans ce meuble nouveau, il pleure moins, car rien ne le gène. — Il fallait bien que la jeune dame portât à Rousseau une admiration dégagée de tout préjugé pour accepter ainsi l'exagération de ses conseils.

Enfin voici un portrait fidèle de Thérèse Levasseur:

« La vérité est qu'elle a pris sur lui une influence « considérable, qui est la cause véritable des tourments « qu'il supporte. C'est elle qui règne et ordonne, tou« jours occupée, babillarde, toujours mécontente, et « Rousseau juge les hommes par principe, non selon « leur caractère, mais d'après les obligations qu'il a « envers eux. »

Il faut bien qu'il y ait du vrai dans ces lignes expressives, car en maint passage de ses *Confessions* on remarque une certaine amertume, quand il parle de Thérèse, qui n'était plus ce qu'elle était autrefois.*)

Comme nous l'avons vu, le plus grand désir de Rousseau était de vivre ignoré, loin du monde et de ses bruits; il était blessé par l'ingratitude des hommes, il avait défendu leurs droits, rêvé leur bonheur et il était rejeté de leur société; il avait chanté les beautés

---

*) Thérèse Levasseur, paraît effectivement avoir été quelque peu grondeuse; elle n'avait du reste que juste ce qu'il faut d'instruction pour une ménagère, elle ne comprenait pas ce qu'écrivait Rousseau, on trouve par exemple sur un manuscrit conservé à l'académie de Neuchâtel, un compte de blanchissage écrit de la main de Thérèse.

naturelles de son pays, et on l'exilait ; il avait célébré la gloire de la république, et celle-ci lacérait et brûlait ses livres. On conçoit que les chagrins moraux joints aux infirmités dont il avait à souffrir eurent une grosse part dans l'irritation presque constante qui le fait agir. — Il avait du reste aussi des raisons pour être inquiet, le bruit de son nom attirait la curiosité sur celui qui le portait, Thérèse avait beaucoup bavardé, et à Neuchâtel comme à Paris, à Genève et à Berne, la vénérable compagnie des pasteurs s'agitait. Tout d'abord elle réussit à faire défendre le livre, en faisant bien comprendre que l'auteur lui-même ne serait pas toléré dans la ville. En un mot, les Neuchâtelois paraissaient jaloux de la protection que le roi accordait à l'auteur, mais ne pouvant rien contre ce dernier, ils lui faisaient comprendre qu'ils étaient bien bons de le tolérer chez eux.

Ces taquineries ne contribuèrent pas peu à rendre Jean-Jacques plus défiant encore, et souvent injuste ; à part les persécutions auxquelles il s'est trouvé en but, il y a lieu de n'accueillir que sous bénéfice d'inventaire ses amers aveux sur le caractère et les actes d'hostilité de ceux qui se sont dit ses amis, et qui l'ont, à l'en croire, payé de la plus dure ingratitude. Persuadé qu'on lui en veut, qu'on cherche à lui faire du tort. le pauvre homme épluche les intentions, il échafaude sur une parole tout un complot, en un mot, sa nature timide et ombrageuse reprend le dessus.

Vivant dans une petite maison hors du village, la solitude ramène en son âme les besoins religieux qui sont le caractère particulier de cette nature, il sollicite l'autorisation d'aller au temple et il est étonné de ce que le pasteur de Montmollin l'accueille avec empressement, nous relevons de l'analyse des questions qui agitent Genève, *analyse* soumise aux Etats de France, Berne et Zurich, qu'il passa la journée au temple de Motiers, édifiant par son attitude les fidèles du lieu.

A côté de cela, Rousseau s'adonne avec passion à la botanique, il ne s'occupe plus des simples comme chez Mme de Warens, mais de la classification rationelle des végétaux. Deux amis, MM. de Pury et du Peyrou, contribuèrent à lui inculquer le goût de la botanique. Disons passion, puisque tout chez cet homme devenait passion. Il parcourait monts et vaux à la recherche de ses plantes, admirant chemin faisant la belle nature, décidé à oublier les hommes et leur ingratitude.

Pendant ce temps, l'Europe s'occupait de lui, les journaux et imprimés allaient bon train, les plus timides reprochaient aux puissances de tolérer un aussi dangereux individu. La Sorbonne prononça la censure, et l'archevêque de Paris publia le mandement historique, qui le froissa péniblement. Malgré ces tracasseries, Rousseau désirait rester dans l'isolement jusqu'au moment où, revenu de ses préjugés, le public lui rendrait enfin justice; en attendant cet heureux jour, il cherchait à prolonger ses ressources, qui ne pouvaient suffire que pour un an ou deux. Afin de n'être pas pris au dépourvu, il reprend son « *Dictionnaire de la musique* », auquel il travaillait depuis dix ans, mais ce travail fut interrompu par des préoccupations d'un autre genre.

Les amis de Rousseau lui écrivaient sans cesse, à propos des mesures que l'autorité avait prises contre lui, ils l'exhortaient à la braver et à venir à Genève, défendre à leur tête ses droits méconnus, l'assurant d'une réparation publique. Jean-Jacques nous dit qu'il préférait le bannissement à une réparation due à la violence, que du reste « on cabalait, mais on gardait « le silence, on laissait clabauder les caillettes et les « cafards ou soi-disant tels que le Conseil mettait en « avant pour me rendre odieux à la population, et « faire attribuer son incartade au zèle de la religion. »

C'est alors que le proscrit se décide à renoncer à la nationalité genevoise (voir chapitre J.-J. Rousseau et les Genevois). Il envoie sa renonciation que nous publions, accompagnée d'un commentaire, et il s'en remet à la postérité pour juger cet acte de résolution.

Cette démarche, comme on l'a vu, loin d'apaiser les esprits, ne fait qu'animer les partisans et les adversaires du proscrit, l'agitation est telle que les trois Etats de France, Berne et Zurich se voient obligés à intervenir.

C'est alors que le procureur général Tronchin, ami de Voltaire, publia les *Lettres écrites de la campagne*, brochure adroite, écrite avec un art infini, et qui réduisit pour quelque temps le parti des représentants au silence. A peine la brochure avait-elle paru, que les partisans de Rousseau vinrent le voir à Motiers, afin d'aviser aux mesures à prendre, il y eut même une réunion à Thonon, dans laquelle les chefs de l'opposition au gouvernement lui soumirent les réponses qu'ils faisaient à l'acte d'accusation du procureur général Tronchin.

Rousseau tenait à répondre lui-même et c'est ce qu'il fit dans ses *Lettres de la montagne*, ouvrage remarquable par la vigueur de la discussion, mais qui est inférieur aux précédents. Dans sa défense, l'auteur prenait vigoureusement l'offensive et cette reprise des hostilités allait provoquer une nouvelle tempête contre lui.

Le maréchal Keith, qui n'avait pas trop à se louer des Neuchâtelois, quittait le service du roi de Prusse pour rentrer en Angleterre et y recevoir la grâce du roi. Avant de partir, ce noble ami remit à Rousseau des lettres de neutralité, et la communauté de Couvet, imitant l'exemple, donna au proscrit des lettres de communier. Jean-Jacques était à l'abri de toute expulsion légale, étant citoyen du pays qu'il habitait et sujet du roi de Prusse, mais ce n'était point une expulsion régulière qu'on méditait contre lui. Les *Lettres de la montagne* faisaient du bruit à Genève et Neuchâtel s'en émut, on apprit aussi que l'auteur préparait une édition générale de ses écrits et un livre nouveau, étrange, plus étonnant encore que les précédents et intitulé : « *Mes Confessions* ». L'édition générale des œuvres ne se fit pas, les éditeurs de Neuchâtel prirent peur en voyant l'accueil fait aux *Lettres de la montagne.* Après ce dernier ouvrage, les ennemis de Rousseau s'étonnent de ce qu'on tolère l'auteur en pays voisin. Le petit Conseil, excité par M. de Choiseul, résident de France, déclare l'ouvrage indigne même du bourreau, et il ajoute « qu'on ne peut, sans se déshonorer, y répondre, ni même en faire aucune mention.» Cette façon curieuse d'apprécier la défense d'un citoyen produisit par son audace même l'effet voulu, les partisans de Rousseau effrayés se tinrent coi, les *Lettres* disparurent.

Rousseau ne sut pas ce que devinrent ses *Lettres*, mais on sait qu'elles furent brûlées à Paris,*) en même

*) Le professeur Crommelin qui avait remplacé à Paris M. Sellon comme représentant de la république, écrit au Con-

temps que le *Dictionnaire philosophique* de Voltaire et par le même arrêt du 19 Mars 1765.*)

Les années s'étaient écoulées, on était alors en 1765, Rousseau pensait qu'il se ferait aimer du peuple, car lui l'aimait passionnément, cet ardent amour pour son semblable suffirait pour désarmer, de nos jours, l'ennemi le plus acharné, mais alors l'improbation de l'autorité avait une puissance extraordinaire. Jean-Jacques versait les aumônes, accueillait les indigents, multipliait services et conseils, sans pouvoir cependant conjurer la tempête. Le pasteur de Montmollin, prévoyant quelque scandale, lui conseille de ne point se rendre au temple pour y communier. — Lamartine, l'impitoyable critique, dit : Le pasteur et lui finissent par se brouiller et par s'excommunier pour des vétilles de sacristie ; les habitants prennent parti pour leur prêtre et lancent des pierres, pendant la nuit, contre les fenêtres de Rousseau.**)

---

seil en date du 21 Mars 1765 : On a brûlé hier, par ordre du parlement au pied du grand escalier le dictionnaire portatif (écrit voltairien), les lettres de la Montagne de J.-J. Rousseau et quelques drogues qui concernent les jésuites.

*) L'idée de cet ouvrage de Voltaire avait été conçue en 1752 à un des soupers de Frédéric II. Tous les gens de lettres admis à la table de ce prince et Frédéric II lui-même, devaient concourir à sa composition et fournir les articles. Voltaire plus ardent que les autres, se mit dès le lendemain au travail et l'ouvrage interrompu fut terminé en 1762. C'était une espèce d'encyclopédie du bon sens, les questions les plus graves étaient traitées avec cette touche légère et cette grâce de style qui caractérisait l'auteur.

**) Il nous sera permis à ce propos de nous en prendre à l'admirable auteur des *Méditations,* qui lui aussi avait l'imagination fort vive. V. Sardou en faisant à l'Académie française

Le pasteur de Montmollin exige que Rousseau régularise sa position vis-à-vis du Consistoire protestant, il prépare une citation, où le cité aura à soutenir un interrogatoire. Intimidé par le procédé, Rousseau se disculpe par lettre, et le pasteur, qui voulait une excommunication, la voyant refusée, a recours à un autre moyen plus ingénieux, il ameute, grâce aux arguments puisés dans sa cave, dit Rousseau, la population contre lui, et il va être forcé de quitter le pays. L'animation était telle que mainte fois, en passant devant des maisons, le pauvre Jean-Jacques entendit dire à ceux qui les habitaient : « Apportez-moi mon fusil que je lui tire dessus. »

Il faut dire aussi que, dédaignant les huées et quelquefois les cailloux, le philosophe continuait ses promenades, vêtu à l'arménienne, bonnet fourré et caftan, ce qui ne devait pas peu contribuer à animer les esprits, déjà excités par le récit exagéré de la vie de Rousseau.

Les actes d'agression se multipliaient, les pierres pleuvaient pendant la nuit, un banc fut enlevé du dehors et placé contre la porte, de façon que la per-

l'éloge de feu le poête Autran, raconte que Lamartine en passage à Marseille s'arrêta tout à coup en pleine campagne en s'écriant : « admirable paysage ! Quelle majesté ont ces antiques sycomores ! » Etonné, M. Autran cherche les sycomores et ne voit que de petits muriers et même quelque peu rabougris. Il se tait par déférence. Plus loin, exclamation nouvelle ! « Ah ! cette fois.... cette source limpide ! cette jeune fille c'est Nausicaa ! Et il faut bien avouer, ajoute M. Autran, que Nausicaa n'était qu'une bonne campagnarde et la source, un simple lavoir de village. » C'est surprendre le génie en flagrant délit d'enthousiasme intempestif, comme ici nous le surprenons en flagrant délit de malveillance et de partialité.

sonne qui pour sortir ouvrirait la porte devait être assommée. — Pendant huit mois ces vexations continuèrent, enfin, le jour de la foire de Motiers,*) au commencement de septembre, l'habitation de Rousseau subit un véritable bombardement, les cailloux cassent les carreaux et pénètrent dans la maison, le chien se sauve effrayé, une pierre énorme ouvre la porte, Rousseau et Thérèse se rangent contre le mur pour n'être point assommés. Heureusement la garde, qui à cause de la foire faisait sa ronde, arrive sur les lieux, le châtelain accourt, voit le dégât et s'écrie : « Mon Dieu ! c'est une carrière ! »

En recherchant pourquoi la garde n'avait point empêché le désordre, il se trouva que les gens de Motiers s'étaient obstinés à faire cette garde, ce jour-là, quoique ce fut le tour d'un autre village. — Le lendemain tout ce que la contrée comptait de gens distingués vint rendre visite à Rousseau, le Conseil d'Etat, nanti de l'affaire, lui donnait une garde aux frais du prince, mais en même temps on l'engageait à céder à l'orage.**)

---

*) Elle se tient encore aujourd'hui le jour de la St-Nicolas (Septembre).

**) Cette lapidation dont Rousseau fait un récit tellement détaillé, qu'on ne peut supposer qu'il en ait imaginé à plaisir toutes les circonstances a été révoquée en doute. M. Servan dit tenir d'un homme digne de foi, qui fit le lendemain même une visite à Rousseau, que les trous faits à la fenêtre par les cailloux trouvés dans la chambre étaient plus petits que les cailloux même. Il pense qu'il y a là une ruse de Thérèse pour engager Rousseau à quitter un pays où elle s'ennuyait. Nous donnons cette version sans la prendre pour admissible.

Rousseau projette d'aller s'établir dans l'île de St-Pierre, il y avait fait un pélérinage avec M. du Peyrou, et il en avait été si enchanté qu'il avait songé souvent à en faire sa demeure.

L'île appartenait à l'hôpital de Berne, et les Bernois l'avaient expulsé trois ans auparavant d'Yverdon. Il pensait néanmoins que ceux-ci seraient peut-être bien aises de le tenir en ôtage, on en avait même parlé aux membres du sénat, qui parurent regretter l'injustice qu'ils avaient faite à l'hôte de M. Roguin. — Rousseau cette fois-ci encore se trompait.

C'est là, dans cette oasis verte, au milieu des ondes bleues, que vint se réfugier, en Septembre 1765, celui qui pouvait déclarer avoir trop aimé l'humanité. Ce repos de quelques semaines dans le voyage de la vie a une signification trop réelle, pour qu'on ne s'y arrête quelque peu. Il venait, ce pauvre philosophe, chercher en ces lieux solitaires, séparés du monde par une large nappe d'eau, un peu de repos et de tranquillité après tant de souffrances; il fuyait les hommes dont il voulait le bonheur, il s'éloignait de cette société qu'il aimait et dont il rêvait la félicité. Lui-même n'avait pas trouvé le bonheur, mais il en sentait le prix, la nature, si généreuse envers lui, avait prodigué chez cet être ses dons les plus nobles, il était doux, sensible, aimant, il sentait trop et il en souffrait. Sa philosophie était trop précoce, il était venu au monde trop tôt, et il s'y trouvait isolé et perdu, — Ceux qui comprenaient son langage l'admiraient, les autres le traitaient d'insensé ou de scélérat.

Jean-Jacques ne devait connaître que de rares échappées de soleil, les acclamations lointaines dont le bruit arrivait jusqu'à lui étaient presque dominées par les cris de ses ennemis.

Si beaucoup de visiteurs étaient venus le voir à Motiers, il y avait parmi eux plus de curieux que d'admirateurs sincères, on venait le voir comme une curiosité, chacun apportait avec lui un préjugé et emportait une impression.

Lui, il aimait et voulait être aimé, son bonheur était de croire qu'en sa ville natale on pensait à lui, et cette croyance lui faisait supporter la lourde main de la persécution et les piqures de la malveillance. Il aimait cette petite patrie, qui tenait une si grande place dans son cœur, il l'avait faite idéale, modèle des républiques et des gouvernements, il la rêvait plus glorieuse, plus belle encore, et quand l'expression de son amour lui valut l'injure du bourreau, son cœur en saigna.

Pendant un an il attendit la réparation, comme l'amant attend les aveux de l'amante. Elle ne vint pas, cette réparation, et l'offensé prit sa plume, le cœur froissé, l'esprit irrité, il écrivit cette lettre émue et douloureuse. Ah oui! il avait tendrement aimé cette patrie qui le blessait au cœur, il s'était fait son chevalier, et quoiqu'il n'y eut passé que sa première jeunesse, il la considérait comme le port dans lequel il voudrait se reposer de son perpétuel voyage.

Les rigueurs dont usa le Conseil envers lui ne purent arracher de son cœur l'affection qu'il portait à sa ville natale, il la lui conserva, mais son caractère s'assombrit encore, il voyait des ennemis partout, il suspectait les intentions de ses amis, un doute, une parole imprudente et leur procès était fait. Et cependant cet homme, qui avait passé la cinquantaine, qui avait voyagé et vécu, qui avait vu de près les hommes de toutes les classes de la société, qui devait paraître mûr d'expérience, éprouve le besoin de demander des conseils. Il écrit, il confie sa peine, et quand on lui en donne, s'ils ne sont pas conformes à sa manière de voir, il s'irrite et s'imagine que le monde entier conspire contre lui et le persécute.

L'idée de s'installer dans l'île de St-Pierre lui sourit, là au moins, pense-t-il, il sera à l'abri, on l'oubliera, il attendra dans la contemplation et la rêverie, que les hommes soient revenus de leur erreur. Pendant toute sa vie il a rêvé de se réconcilier avec cette société qui se dit outragée et dont cependant il n'a rèvé que le bonheur. Cependant les années s'écoulent, sans que l'excommunication lancée contre lui ait été levée, il songe à l'histoire, « qui s'occupera peut-être de moi », dit-il mélancoliquement, et il annote avec soin ses lettres, ses souvenirs, il collationne, corrige et complète le volumineux dossier des actes de sa vie, qu'il augmente chaque jour de quelque document nouveau.

Cette pensée d'en appeler au jugement de la postérité est une consolation, elle fait partie de sa religion, de ce culte dont l'exposé lui fit si grand tort.

Universel comme génie, cet homme devait rêver une religion universelle; sensible et bon, il devait être profondément religieux, il devait avoir une foi, car son cœur se refusait à croire à l'hypothèse du néant. — Il écrivait un jour: « J'ai cru dans mon enfance par autorité, dans ma jeunesse par sentiment, dans mon âge mûr par raison, maintenant je crois parce que j'ai toujours cru. » *) Comment un homme pareil eut-il pu ad-

---

*) J.-J. Rousseau, sa vie, ses idées religieuses, par M. Doret.

mettre que celui qui a tant souffert ici-bas, n'eût pas la récompense éternelle. » — On peut dire que cette pensée l'a constamment soutenu, son âme était forte, plus forte que son caractère, celui-ci s'était aigri, tandis qu'en son âme, il s'encourageait à la persévérance, à la patience et à l'oubli.

Rousseau, avec un peu d'audace, avec moins de timidité, eut pu tenir tête à ses ennemis, il s'en fallut de bien peu que la longue procédure de Genève ne tournât immédiatement à son avantage. — Il lui manquait ce don de la parole, cette éloquence du tribun qui emporte les opinions par un vigoureux effort. Hélas ! Jean-Jacques ne connaissait que l'éloquence de la plume, et en mainte occasion la parole lui nuisait. Heureusement pour nous, ses admirateurs, les notes de son génie, les accents de son cœur n'ont point été perdus, il nous les a laissés comme pièces du procès, dès lors la cause était gagnée et la réparation acquise.

CHAPITRE VI.

J.-J. Rousseau à l'île de St-Pierre.

Au milieu du lac de Bienne, en face de Gléresse, s'élève l'île de St-Pierre. Vue de loin, elle est un fouillis d'ombrage du plus pittoresque effet. Au printemps, quand la feuillée varie de tons, c'est un vaste tableau aux teintes foncées et claires, en automne, les feuilles rouges forment des dessins capricieux dans le vert sombre des sapins et du houx.

On aborde dans une petite anse au pied d'un mur qui soutient la rive; l'entrepreneur des travaux a éprouvé le besoin d'annoncer au monde, que son mur commencé en 1770, a été terminé en 1774. Il faut croire que les pierres, moins complaisantes que celles dont se servit la reine de Thèbes, ne se rangeaient pas d'elles-mêmes à leur place. Spielmann a voulu perpétuer son nom, il s'est dit, sans doute, que l'île, au lieu d'un grand homme, en aurait deux et il a élevé un monument à sa gloire personnelle, sur le petit tertre qui domine la rive.

Un chemin ravissant conduit à l'intérieur de l'île, on passe sous un dôme de feuillage, à droite une pente douce est couverte de lierre, des pervenches par buissons épanouissent leurs pâles corolles, l'anémone, la violette, le bois gentil fleurissent ici et là, sous les hêtres et les chênes. Plus haut, voici une clairière et un pavillon rustique. C'est là qu'en automne et pendant les vendanges la jeunesse des contrées environnantes vient danser et fêter les derniers beaux jours. Sur les hautes chênes aux branches fantastiques roucoulent les ramiers, le merle siffle sous la feuillée, la fauvette sur la fine branche d'un cerisier en fleurs jette dans la solitude sa gamme modulée, et au loin dans le bois, le coucou entretient avec ses congénères des rives son mélancolique rappel. Parfois un couple de rossignols égarés vient passer une saison dans l'île, mais ces hôtes sont rares. Du plateau une vue splendide s'étend en panorama autour de soi, le lac miroite, ses légères lignes papillotent ; ici une hirondelle jette en passant une ride dans cette grande glace qui reflète le ciel et les rives ; sur le versant opposé, voici des vignes, puis au bas un vaste bâtiment de rustique apparence, entouré de vieux arbres séculaires, un poirier au tronc moussu et aux branches fleuries, un noyer, une fontaine.

Voilà l'oasis où Jean-Jacques vint chercher, en Août 1765, la paix et la tranquillité. Il avait couru après la fortune et le bonheur, et n'avait trouvé que peine et déception. — En débarquant dans cette paisible solitude, un grand soupir s'échappa de sa poitrine, enfin, pensait-il, voici l'abri, voici l'oubli, la paix. Le rêve se réalisait.

Il s'installa dans la modeste chambre qu'on voit encore aujourd'hui. De l'unique fenêtre l'œil enchanté voit au loin vers le levant les lignes boisées de la rive, puis le lac bleu entre les pommiers et poiriers, au dessous le jardin potager, à gauche les vignes, quelques bouquets d'arbres, des prairies et la solitude. La chambre est aujourd'hui remplie de noms taillés dans le bois ça et là sur les six grandes solives du plafond ou gravés dans le plâtre des murs. Un pauvre lit et trois chaises, un secrétaire et un poêle, voilà l'ameublement d'alors. Près du poêle un trou est aménagé dans le plancher, c'est par là que Jean-Jacques fuyait les importuns, il descendait au dessous, sur le poêle de la salle à manger, et on le disait absent.

Rousseau avait 53 ans, ce n'était plus le jeune homme ardent, plein d'illusions, entrant brusquement dans le monde, apportant, pour le voyage de la vie, son léger bagage et son insouciance, point d'argent, mais des trésors d'illusions. Il était vieilli, le corps brisé, le caractère aigri, mais le génie sain, supérieur, dominant toujours d'un ou deux siècles cette société qui l'obsédait, ces amis qui l'importunaient et ces ennemis qui le traquaient.

La maison du receveur, c'est ainsi qu'on nomme aujourd'hui encore le fermier du domaine de l'hôpital, est un ancien couvent, dédié autrefois aux apôtres Pierre et Paul, et habité par les moines de Cluny. Pendant plusieurs siècles ces bienheureux vécurent en cet asile, loin du monde et de ses pompes. Ils avaient tout, du reste, pour être heureux, bonne chère et bons vins, solitude absolue. Leur cave, installée près de la chapelle, leur faisait oublier la société des humains, qui les aurait peut-être oubliés, s'ils ne s'étaient mêlés aux querelles de leurs voisins. — En 1530, à l'époque où Guillaume Farel et Pierre Viret prêchaient la réforme dans le pays de Vaud, un décret du gouvernement de Berne sécularisa ces frères Robinsons, et l'île fut donnée à l'hôpital des bourgeois de Berne, qui l'a conservée et administrée jusqu'à aujourd'hui.

Jean-Jacques, avant de prendre terre dans les domaines bernois, s'était occupé de ses ressources, M. du Peyrou s'était chargé de l'édition générale de ses œuvres, moyennant une pension. Lord Keith, qui avait recouvré ses biens, lui fit une pension de 1200 frs. par an, que Jean-Jacques réduisit de moitié. De ce côté, il était donc à l'abri de tout besoin immédiat, et l'île allait donc devenir, comme il le dit, « celle de la Papi« manie, ce bienheureux pays où l'on dort. »

On y fait plus, car on n'y fait nulle chose. — « Ce « plus était tout pour moi, car j'ai toujours peu re« gretté le sommeil ; l'oisiveté me suffit ; et pourvu « que je ne fasse rien, j'aime encore mieux rêver éveillé « qu'en songe. L'âge des projets romanesques étant « passé, et la fumée de la gloriole m'ayant plus « étourdi que flatté, il ne me restait pour dernière es« pérance que celle de vivre sans gêne, dans un loisir « éternel. C'est la vie des bienheureux dans l'autre « monde ; et j'en faisais désormais mon bonheur su« prême dans celui-ci. »

La botanique était précisément une étude propre à occuper ses instants et à charmer ses loisirs. « Errer non« chalamment dans les bois et dans la campagne, prendre « machinalement çà et là, tantôt une fleur, tantôt un « rameau, brouter mon foin presque au hasard, obser« ver mille et mille fois toujours les mêmes choses, et « toujours avec le même intérêt, parce que je les « oubliais toujours, était de quoi passer l'éternité, sans « pouvoir m'ennuyer un moment. Cette constante ana« logie, et pourtant cette variété prodigieuse qui règne « dans leur organisation ne transporte que ceux qui

« ont déjà quelque idée du système végétal. Les au-
« tres n'ont, à l'aspect de tous ces trésors de la na-
« ture, qu'une admiration stupide et monotone. Ils ne
« voient rien en détail, parce qu'ils ne savent pas
« même ce qu'il faut regarder ; et ils ne voient pas
« non plus l'ensemble, parce qu'ils n'ont aucune idée
« de cette chaîne de rapports et de combinaisons qui
« accable de ses merveilles l'esprit de l'observateur. »

C'est à Chambéry que Jean-Jacques avait commencé à herboriser, à Paris, dans ses moments perdus il s'en était occupé, son goût pour tout ce qui tient aux merveilles de la nature avait déjà attiré l'attention de Bernardin de St-Pierre, un de ces savants qui vulgarisèrent la science, en lui donnant une tournure descriptive contrastant avec la sécheresse de la matière. L'auteur des « *Etudes de la nature* » a su par ses descriptions séduire le lecteur. Ne vous arrêtez pas trop, lecteur, à sa physique erronée, Jean-Jacques déjà combattit, dans des lettres restées célèbres, la théorie du flux et du reflux, mais une communauté de pensée unissait ces deux hommes, tous deux ils admiraient le Créateur dans la création. Tous deux charmèrent, Jean-Jacques Rousseau parlait à l'âme et Bernardin de St-Pierre au cœur ; le roman de ce dernier « *Paul et Virginie* » fut pendant longtemps le livre des cœurs aimants.

Dans son île solitaire, Jean-Jacques, son Linnée sous le bras, sa loupe à la main, parcourait les domaines de la ville de Berne, tout enthousiasmé du projet de consacrer un livre à la flore de l'île rempli d'observations curieuses sur la *Flora Petrinsularis.* — Cet ouvrage, dont il est question dans ses *Confessions* et dans ses *Rêveries*, devait le distraire et l'occuper dans ses vieux jours.

Thérèse était restée à Motiers, il l'invite à le rejoindre, la voilà traversant le lac et débarquant avec des caisses de livres et de paperasses, qui furent amoncelés dans la galerie de la maison. Ces volumineux amas de papiers lui inspiraient une certaine répulsion, il aurait voulu ne pas toucher à ces souvenirs des mauvais jours, s'étant promis de rompre avec le passé. C'est en rechignant, dit-il, qu'il répond aux nombreuses lettres*), qui lui parvenaient dans sa retraite.

Il fallait cependant bien s'organiser, s'aménager dans le petit réduit de l'habitation, cela se fait, mais sans nuire aux occupations favorites du solitaire, qui goûte enfin le bonheur terrestre rêvé autrefois.

Ecoutons encore ses aveux de bonheur :

« J'ai toujours aimé l'eau passionnément, et sa vue « me jette dans une rêverie délicieuse, quoique souvent « sans objet déterminé. Je ne manquais point à mon « lever, lorsqu'il faisait beau, de courir sur la terrasse « humer l'air salubre et frais du matin, et de jeter « les yeux sur l'horizon de ce beau lac, dont les rives « et les montagnes qui le bordent enchantaient ma vue. « Je ne trouve point de plus digne hommage à la Di- « vinité, que cette admiration muette qu'excite la con- « templation de ses œuvres, et qui ne s'exprime point « par des actes développés. Je comprends comment les « habitants des villes, qui ne voient que des murs, des « rues et des crimes, ont peu de foi ; mais je ne puis « comprendre comment des campagnards, et surtout

*) La plupart non affranchies.

« des solitaires peuvent n'en point avoir. Comment leur « âme ne s'élève-t-elle pas cent fois le jour avec ex- « tase à l'Auteur des merveilles qui les frappent.

« J'ai lu qu'un sage évêque, dans la visite de son « diocèse, trouva une vieille femme qui, pour toute « prière, ne savait dire que *O!* Il lui dit : Bonne mère, « continuez de prier toujours ainsi ; votre prière vaut « mieux que les nôtres. Cette meilleure prière est aussi « la mienne. »

De fréquentes promenades en bateau alternaient avec les courses à travers les bois, un petit bateau conduisait le solitaire en pleine eau, et là il se laissait aller à sa douce rêverie :

« O nature ! o ma mère ! me voici seul sous ta garde, « il n'y a point ici d'homme adroit et fourbe, qui « s'interpose entre toi et moi. »

Mais pour complaire à son pauvre chien, qui n'ai- mait point les promenades entre le ciel et l'eau, Rous- seau allait débarquer à la petite île, séparée de la grande par un large canal. C'est au sommet de ce monticule entouré d'eau, que Rousseau rêvait le plus volontiers ; s'étendant sur l'herbe, il se plaisait à se croire entièrement isolé du monde, se figurant être le Robinson imaginaire de ce domaine exigu consistant en une butte de terre. Comme Robinson, il voulait son île peupler d'être vivants, des lapins y furent apportés en grande pompe.*)

A côté de cette vie oisive, l'hôte du receveur se rendait utile ; c'était la saison des fruits, il aidait à les cueillir, grimpant sur les pommiers comme autre-

*) Ils ont disparu et sur le tertre sur lequel Jean-Jacques Rousseau aimait à méditer s'élève aujourd'hui un signal.

fois sur le cerisier de Mlle Galley. — Un Bernois M. Kirchberger, le trouva perché sur un grand arbre, un sac attaché à la ceinture, « et déjà si plein de pommes que je ne pouvais plus me remuer. » C'est ce même M. Kirchberger qui avait préparé les relations épistolaires de Rousseau et de Julie Bondeli, en faisant un portrait des plus flatteurs de cette dame.

Jean-Jacques tenait du reste à se faire si non aimer, tout au moins oublier des Bernois, tant sa peur était grande de voir sa félicité prendre fin. Il s'était tant et si bien habitué à son île, que l'idée seule de faire des visites en dehors de ses limites était pour lui souci et ennui.

Chaque jour était pour le solitaire accompagné de quelque nouveau plaisir. Quand le lac était agité, son plus grand bonheur était de descendre sur la grève et là, contemplant les flots qui se heurtaient et se brisaient dans un bruit infini, il se plaisait à en faire l'image du tumulte du monde, de ce monde qui l'avait rejeté de son sein.

Dans ses *Reveries*, Rousseau s'étend avec tant de charme sur le bonheur *suffisant* et *parfait* qu'il goûtait, qu'on peut admettre que l'ordre de départ qui lui fut signifié fut un des plus cruels coups qu'il reçut des hommes. Il était en effet heureux, le pauvre homme, une douleur adoucie lui restait, mais il n'en souffrait pas, c'était ce que les Anglais désignent sous le nom « the joy of grief », en son âme et conscience il se sentait innocent et ce sentiment le rendait heureux, surtout depuis que, loin des hommes, il n'était plus exposé à leurs mesquines vengeances.

Quand le temps était à la pluie, le solitaire mettait ordre à ses collections, il copiait ses plantes le plus fidèlement possible. et quand il croyait avoir réussi, il montrait son dessin de chambre en chambre, demandant à ceux qu'il rencontrait, s'ils reconnaissaient la plante. Souvent on signalait l'approche d'une barque, montée par quelque curieux, attiré par le désir de voir de près cet être étrange dont tous les *papiers* du temps avaient parlé, le solitaire fuyait alors, maugréant contre les importuns qui venaient troubler son bon heur, il courait à travers champs et bois, franchissant les buissons les plus touffus, restant des heures entières à l'affut avant de rentrer. En maint endroit de l'île on montre encore d'étroits sentiers, conduisant à des abris naturels, dans lesquels s'introduisait le proscrit.

Si les visiteurs ou les curieux arrivaient sans être signalés, Rousseau ouvrait tout doucement une trappe et descendait sans bruit sur le poèle de la salle à manger, pour de là gagner quelque fourré. Sur cette trappe était placée une table haute sur jambes, espèce de pupitre, sur lequel étaient déposés les cahiers de musique. Au fond de cette chambre de travail se trouvait le lit, couvert d'une étoffe rayée bleu et blanc, trois chaises, qui ont été changées, garnissaient avec deux tables simples ce modeste réduit. Dans les coins, empilés, des livres et des chères paperasses, sur le rebord de la fenêtre une boîte, pleine de graines fourragères qui séchaient au soleil.

La saison était avancée, le vent soufflait souvent froid et violent, les chataîgniers de l'île, les seuls de la contrée, avaient laissé tomber leurs fruits mûrs, on avait cueilli les raisins des côteaux et les cuves pleines garnissaient la vaste cave du monastère. Rousseau était triste, inquiet, des propos lui avaient été rapportés, M. de Graffenried, le bailli de Nidau, lui avait témoigné tant de bienveillance et d'amitié qu'il ne pouvait croire qu'on le traquerait encore dans l'asile qu'il s'était choisi.

C'était le . . Octobre 1765, qu'il reçut de M. de Graffenried une lettre affectueuse, destinée à adoucir le rigoureux de la lettre officielle. Il lui était intimé l'ordre d'avoir à quitter l'île des Etats de leurs Excellences de Berne. — Voici, du reste, les documents*) :

Manuel du Conseil intime du 10 Octobre 1765.

Au Préfet de Nidau,

Nous venons d'apprendre que le nommé Jean-Jacques Rousseau se trouve à l'île de St-Pierre, dans la préfecture de Nidau. Nous avons trouvé nécessaire en conséquence de vous intimer l'ordre de lui communiquer, au cas où il y séjournerait encore, qu'il ait à évacuer la localité et les pays de leurs Magnificences.

Manuel du Conseil du 21 Octobre 1765.

Au Préfet de Nidau,

Si l'ordre de nos Seigneuries, les Conseillers secrets, qui vous a été adressé, à vous M. le préfet, relativement le dit Jean-Jacques Rousseau, avait nécessité une réponse, le respect que vous devez à ce haut tribunal aurait dû vous rappeler que votre réponse devait être adressée à ce tribunal et nullement à leurs Seigneuries. Comme, au grand mécontentement de nos Seigneuries, vous en avez agi autrement, nous répondons à votre lettre, que le dit Rousseau aura à évacuer les pays de nos Seigneuries

*) Archives de l'Etat.

jusqu'à samedi prochain, et que les décrets du 1er et du 8 Juillet 1762, par lesquels il a été banni des pays « médiats » et « immédiats » de leurs Seigneuries restent irrévocablement en toute vigueur. — Nous vous ordonnons en conséquence de lui communiquer cette manifestation de notre volonté, de la mettre sans autre à exécution contre cet homme dangereux et le menacer d'une punition sévère, au cas où il rentrerait dans nos Etats.

Le receveur de l'île de St-Pierre, qui, à l'insu de M. le préfet, a accueilli cet intrus, sera de ce fait admonesté administrativement.

Lecture de la lettre qui précède ayant été donnée à nos Seigneuries, ils l'ont approuvée, et ils ont ordonné de l'expédier par un coureur à son destinataire.

Souffrant, infirme, l'imagination non encore guérie par tant de persécutions successives et répétées, le pauvre Jean-Jacques se révolta contre l'ordre barbare qui l'arrachait, à l'entrée de l'hiver, à son asile, puis peu après l'abattement succéda, il courba la tête et son courage fut vaincu. Mille idées traversèrent son cerveau, il voulait fuir, mais involontairement le sol de l'île le retenait, il aurait voulu, comme Philémon, être transformé en chêne par le maître de l'univers, pour avoir enfin le repos terrestre.

Il écrit, il supplie qu'on le laisse en paix, qu'on le considère comme prisonnier perpétuel, il donne sa parole de ne plus jamais toucher une plume. — En réponse à ses sollicitations, il lui est enjoint de quitter l'île dans les 24 heures.

La dernière journée que Rousseau passa dans l'île, de nombreuses visites lui arrivèrent du voisinage, ceux qui l'avaient connu, ceux qui l'appréciaient, voulurent lui donner un témoignage d'amitié ; aigri, blessé, Rousseau n'apprécie plus ces attentions. Le soir, veille du départ, Rousseau se fit apporter son luth et chanta d'une voix altérée des couplets qu'il avait composés probablement le jour même, pour exprimer à ses hôtes, au moment de s'en séparer, sa reconnaissance et ses regrets. La belle-sœur du receveur, présente à cette scène d'attendrissement mutuel, avait retenu quelques-uns de ces couplets et le sens des autres ; on a, d'après ses indications, restitué le texte de la romance entière.*) La voici :

Chers amis, le sort m'entraîne.
   Demain, mon cœur déchiré,
   De regrets amers navré
   Va rompre sa douce chaîne,
Et se livrer, sans appui,
Aux traits que dardent sur lui,
La calomnie et la haine.

Adieu, retraite chérie,
   Où, des méchants oublié,
   Sous les yeux de l'amitié,
   Je laissai couler ma vie ;
Où, dans ton sein maternel,
Nature, fille du ciel,
J'avais trouvé ma patrie.

Adieu, paisible rivage,
   Où le sort le plus indulgent
   Dépose pour un moment
   Les débris de mon naufrage.
Lieux charmants dont la douceur
Ranimait mon faible cœur,
Fatigué d'un long orage.

---

*) L'île de St-Pierre, par J. Germiquet-Neuveville.

Adieu, source pure et claire,
Qui souvent près de tes eaux
Me vit chercher le repos,
La fraîcheur et le mystère ;
Quand, loin des feux du midi,
Je foulais le sol fleuri
De ta rive hospitalière.

Toi, qu'un vent léger balance,
Adieu, lac au sein d'argent,
Où, sous un ciel caressant,
J'errais avec indolence,
Goûtant les vagues douceurs
Des pensers longs et rêveurs,
Et du soir et du silence.

Lac brillant, fontaine pure,
Lit de mousse, ombrages frais,
Amis bienveillants et vrais,
Douce paix, retraite obscure,
Tout fuit, hélas ! et demain
Ton enfant t'appelle en vain ;
Je t'ai perdue, — ô nature!

Au sentiment qui m'oppresse
Nul mortel ne répondra,
Mon cœur seul me parlera
Du bonheur qu'ici je laisse ;
Et sur ce cher souvenir
Ma tombe, prête à s'ouvrir,
Va jeter son ombre épaisse.

Ah ! fuyez, vaines alarmes !
Mon nom vivra dans ces lieux ;
Cet espoir, à mes adieux,
Peut encore mêler des charmes.
Adieu . . . . sur ces bords chéris,
Qu'il me reste, ô mes amis,
Votre tendresse et vos larmes.

Le 24 Octobre 1765, de grand matin, accompagné par quelques amis, Jean-Jacques Rousseau quittait les Etats « médiats » et « immédiats » des Magnifiques de Berne*); il se rendait à Nidau, où M. de Graffenried, bailli de la République, voulut une fois de plus témoigner sa sympathie à l'exilé. Il vint au devant de lui en carosse, accompagné de son secrétaire, et il remit à son protégé un passeport en son nom pour traverser les Etats de Berne. Jean-Jacques voulait se rendre incontinent en Prusse; on verra par la suite que tous ses projets devaient être contrecarrés par le sort.

---

*) Dans une lettre de Julie Bondeli à Sophie Laroche, nous relevons ce qui suit : Les rives du lac de Neuchâtel sont tout aussi belles que celles du Léman. En ce qui concerne les conditions sociales pour un étranger, je préférerais Neuchâtel. Le pays de Vaud est divisé en balliages comme le reste du canton de Berne, ceux-ci sont gouvernés par un bailli, qui est changé tous les six ans, tantôt bien, tantôt autrement. A côté de cela il y a encore quantité de seigneurs, dont on est toujours dépendant, si on n'a pas quelque domaine, ce qui vous place alors sur le même pied qu'eux. Dans le canton de Neuchâtel il en est autrement, il est vrai que depuis soixante ans, les autorités gouvernementales se disputent avec le roi de Prusse, à propos de droits qu'il leur accorda, parce que comme gens à moitié émancipés, ils préférèrent porter leur choix sur le roi plutôt que sur d'autres princes qui les auraient protégés aux mêmes conditions. Le roi, il est vrai décrète, mais les dévoués sujets restent comme ci-devant les maîtres de la maison. Il en résulte une jolie liberté, qui des indigènes passe aussi aux étrangers, si j'ai bien jugé, Neuchâtel est le pays le plus libre de la Suisse, et en vérité on ne voit nulle part en Suisse autant d'étrangers. Cependant il faut être juste et reconnaître, que comme étranger on est mieux traité par le gouvernement de Berne, en ce qui concerne les procès et discussions juridiques. Cet Etat défend avec la lance et l'épée, ceux

qui se sont placés sous sa protection. *) En ce qui concerne le moral et les agréments de la société, le pays de Vaud est aussi élevé au-dessus de la partie allemande, que Neuchâtel l'est sur le pays de Vaud. Les Neuchâtelois libres, industrieux et fortunés sont arrivés à ce point heureux, où le luxe adoucit les mœurs, ils sont simples, hospitaliers, le nom « étranger » est considéré comme sacré. On rencontre là des étrangers, non pas en passage, mais établis et propriétaires. Ne vous abandonnez pas à cette erreur ordinaire à l'étranger en ce qui concerne les mœurs des Suisses, car le pays est sous se rapport, à l'exception de quelques cantons peu fréquentés où les mœurs sont grossières, sur pied d'égalité avec les autres pays de l'Europe.

*) Un brillant et récent exemple de ce fait, devait être présent à la mémoire de Julie Bondeli. Après la restauration de Charles II en Angleterre les juges de Charles I, encore existants, furent décrétés par une décision du parlement. Charles II et sa sœur Henriette, duchesse d'Orléans, usèrent de toute leur influence pour s'emparer d'eux. Quatre d'entre eux se réfugièrent en Hollande, ils furent extradés par ce pays et rendus à l'Angleterre, où on les décapita. Trois autres ne trouvant d'asile nulle part, se refugièrent dans le canton de Berne où ils trouvèrent un asile. Aucune intimation de l'Angleterre ou de la France ne put décider le gouvernement de Berne à les livrer. L'un d'eux tomba mortellement frappé par la balle d'un assassin, envoyé exprès pour le tuer, alors Berne prit les mesures les plus énergiques pour protéger les deux autres. Le général Ludlow, le plus considérable d'entre eux, mourut à Vevey en 1693, à l'âge de 67 ans. Il avait repoussé des offres brillantes de grands Etats pour ne pas perdre la protection de Berne.
(Julie Bondeli de J.-J Schædelin.)

CHAPITRE VII.

Rousseau à Bienne et en Angleterre, retour en France, vie errante.

Sollicité par quelques amis, Jean-Jacques s'arrêta à Bienne, on lui avait dit qu'il y serait reçu avec empressement, il s'était flatté d'y trouver le calme dont il avait besoin, mais dès les premiers jours il put voir que les habitants n'étaient pas très empressés et que petit à petit ils s'apprêtaient à lui rendre le séjour dans l'Etat de Bienne aussi agréable que celui de Motiers. Les choses allèrent même si loin qu'un bienveillant bernois lui offrit un asile chez lui, hors de ville, afin qu'il put éviter d'y être lapidé.

L'avantage ne parut pas assez évident à Rousseau, il se prépare à abréger son séjour chez ce peuple *hospitalier*.

Pendant ce temps la ville était partagée en partisans et adversaires, le lendemain du départ de Jean-Jacques les seconds l'avaient emporté et on devait lui signifier d'avoir à sortir immédiatement de la ville et de l'Etat.

Plus heureux que Rousseau, un aventurier dangereux, le sieur Joseph Basalmo, eut le privilége de provoquer l'enthousiasme des Biennois. Nous voulons parler de cet individu qui se donnait le nom de comte de Cagliostro, qui parcourut le monde entier et sut s'attirer la sympathie publique au point de former de véritables partis admirateurs de ses hauts faits de fantasmagorie. La chronique parle même encore aujourd'hui des *Cagliostraner*. Cet habile charlatan, fondateur de la *maçonnerie égyptienne,* excita l'admiration des Biennois, Jean-Jacques, l'apôtre de la raison, faillit se faire lapider chez eux, l'un fut acclamé à son départ, l'autre honni et conspué.*)

On comprend qu'aucune créature humaine, à moins qu'elle n'ait été douée de la bienfaisante faculté de l'oubli, n'aurait supporté tant de tracas et de persécutions, sans en avoir l'humeur altérée.

Les historiens et les critiques ont dit : « Rousseau n'était point un scélérat, c'était un aliéné, ou pour parler plus exactement, c'était un monomane. » Et ils ajoutent : « toute sa vie et même au temps de sa jeunesse, l'infortuné avait montré une fatale disposition à s'alarmer, à se créer des fantômes. »

A vrai dire, on ne sait si on doit s'arrêter à cette singulière peinture du caractère de Rousseau. Comment voici un homme dont on brûle les œuvres et dont on saisit les biens à Paris et à Genève, qu'on expulse d'Yverdon, de l'île de St-Pierre et de Bienne, qu'on menace du fusil à Motier, où on le lapide. Voici un écrivain dont la presse du monde entier demande l'ar-

---

*) E. Schüler dans le « Jura bernois » dit avec raison : « Bien que Rousseau ait été méconnu à Bienne et ailleurs, les œuvres de son génie n'en subsistent pas moins, tandis que ses persécuteurs sont oubliés. »

restation, et on remarque benoîtement qu'il est atteint d'une fatale disposition « à s'alarmer, à se créer des fantômes. »

On ajoute que l'âge, la vie solitaire et les souffrances physiques transformèrent ces dispositions en une vraie aliénation mentale. Ce qui nous étonne vraiment, c'est la sérénité d'âme, la patience et la douceur dont fait preuve dans les moments les plus difficiles par ses actes et écrits, celui qui croyait un moment à un retour de la société à de meilleurs sentiments.

Après avoir tant souffert des hommes, on comprend qu'il ne les ait pas aimés sans les distinguer en bons et méchants. Un de ses manuscrits de la *Nouvelle Héloïse* porte la préface suivante ajoutée après coup : *)

« Allez bonnes gens avec qui j'aimais tant à vivre, et qui m'avez souvent consolé des outrages des méchants, allez au loin chercher vos semblables ; fuyez les villes, ce n'est pas là que vous les trouverez. Allez dans d'humbles retraites amuser quelque couple d'époux fidèles, dont l'union se resserre aux charmes de la vôtre ; quelque homme simple et sensible qui sache aimer votre état ; quelque solitaire ennuyé du monde, qui, blâmant vos erreurs et vos fautes, se dise pourtant avec attendrissement : « Ah ! voilà les âmes qu'il fallait à la mienne. »

Hume le philosophe et historien écossais commençait à être connu sur le continent, ses travaux avaient fixé l'attention publique, son *Histoire de l'Angleterre* lui avait valu la renommée et quand en 1761 il vint en France, il y rencontra chez tout ce que le grand

---

*) C'est celui qui se trouve à la bibliothèque de la chambre des députés à Paris.

siècle comptait de génies et d'hommes supérieurs, l'accueil le plus flatteur et le plus distingué. Le philosophe anglais se lia d'amitié avec Rousseau et c'est de lui que ce dernier reçut à Strasbourg une lettre, l'engageant à passer en Angleterre.

Rousseau se proposait alors de se rendre à Berlin, la lettre de Hume renversa son plan, il avisa Thérèse de ce changement d'itinéraire, il traversa de nouveau la France en passant par Paris, où le prince de Conti lui donna l'hospitalité.

Les esprits s'étaient calmés, néanmoins Jean-Jacques accepte l'asile qui lui était offert à Woolton dans une paisible maison de campagne. Malheureusement le caractère des Anglais ne plaisait pas au philosophe genevois, de plus il ne connaissait pas leur langue, et une liaison si bien commencée aboutit au bout de quelques mois au plus triste dénouement. L'humeur morose et chagrine de Rousseau, ses soupçons inquiets, et cette hypocondrie qui attrista les douze dernières années de sa vie amenèrent une rupture éclatante, à la suite de laquelle Hume, pour se justifier des injustes reproches de Jean-Jacques, eut le tort impardonnable de trahir le secret de sa correspondance privée avec lui, et de faire ainsi connaître les services qu'il lui avait rendus.

Rousseau ne vit plus dans son ancien ami qu'un persécuteur et un traître, il fuit l'Angleterre, et Hume écrivait à ses amis en France : « Rousseau est un scélérat ! » Et cependant le pauvre persécuté y allait de bonne foi, il s'imagina aisément avoir été attiré en Angleterre par ses ennemis et contradicteurs par Grimm, Voltaire, Tronchin, d'Alembert et surtout par le duc de Choiseul, il refusa avec hauteur la pension du roi d'Angleterre.

Rentré en France le 22 Mai 1767, il séjourne à Amiens, puis dans le château du prince de Conti près de Gisors ; il erre d'asile en asile, sans pouvoir se fixer nulle part, on peut dire qu'il va de ville en ville, Lyon, Grenoble, Chambéry, Bourgoin. Comme à Lausanne en 1732, il change de nom et se fait appeler Renou, enfin il consacre par une déclaration solennelle son union avec Thérèse Levasseur, mais au lieu de la faire sous son vêritable nom, il persiste à se servir du nouveau. La pauvre Thérèse errait avec lui, réunissant les bagages, elle suivait cet homme qui ne trouvait plus de tranquillité nulle part.

Pendant près de quatre années, il cherche en vain un asile et il rentre à Paris en Juillet 1770, malgré l'arrêt du Parlement qui menaçait sa liberté, apportant avec lui ses *Confessions*, ouvrage destiné à le justifier devant les hommes des crimes et délits que ceux-ci lui ont reprochés. L'autorité ne l'Inquiéta point, Rousseau serait mort à la peine, on le laissa se répandre dans le monde, et c'est alors qu'il donna plusieurs lectures de ses *Confessions*, dans divers salons de Paris. Il allait même livrer ce volume à la publicité, lorsque la police, avec laquelle il avait eu si souvent maille à partir, en défendit la lecture et la publication. Les rigueurs de l'autorité étaient cette fois-ci fort excusables, la plupart des personnages dont il est question dans cet ouvrage vivaient encore, Mme d'Epinay fut fort alarmée, et c'est elle qui fit avec succès les démarches voulues auprès de l'autorité.

A l'âge de 60 ans, c'est-à-dire en 1772, l'auteur d'*Emile* avait terminé un vrai travail sur la constitution de la Corse. Le petit peuple de cette île luttait depuis longtemps pour sa liberté, et il l'aurait obtenue sans l'intervention armée de la France, qui dut envoyer en 1771 des forces imposantes pour pacifier l'île. Dès lors, la constitution, à laquelle avait travaillé Jean-Jacques, devenait inutile ; néanmoins, elle lui valut la notoriété, puisqu'en 1772, sur la prière du prince Wielhorski, il prépare un travail remarquable: « Considérations sur le gouvernement de Pologne ». La critique n'a pas épargné Rousseau dans ce domaine-là, au commencement de notre siècle, on le traitait encore de « fabricant de constitutions indéchiffrables ».

Pendant près de 5 ans, il vécut à Paris, oublié à moitié, dans son petit appartement de la rue Platrière, entouré de ses livres et de ses collections, recevant toujours beaucoup de visites, en rendant peu, faisant quelques apparitions dans les salons de la capitale. Les journaux du temps parlent du grand succès qu'eut en 1775 à la Comédie française son mélodrame *« Pygmalion »*. Il écrivait encore *« Rousseau juge de Jean-Jacques »*, étranges dialogues, qui forment encore une pièce à ajouter au dossier du procès, le second est un descriptif, plein de réminiscences poétiques, un tableau doux et charmant, dans lequel l'auteur se complait à oublier dans les souvenirs du bonheur passé, les heures ingrates du présent.

C'est à Bernardin de St-Pierre que nous devons le plus charmant récit de la vie intérieure de Rousseau, réinstallé à Paris. L'illustre voyageur devait se sentir attiré par cet homme extraordinaire, qui avait voué comme lui un culte à la nature*), et dont la jeunesse était si semblable à la sienne.

---

*) En passage avec son père à Rouen, celui-ci faisait voir à l'enfant les hautes flèches de la cathédrale. Eh bien, Henri,

« Au mois de Juin 1772 », écrit-il, « un ami, m'ayant proposé de me mener chez Jean-Jacques Rousseau, il me conduisit dans une maison, rue Platrière, à peu près vis-à-vis de l'hôtel des postes; nous montâmes au quatrième étage. Nous frappâmes, et Mme Rousseau vint nous ouvrir la porte. Elle nous dit : « Entrez, Messieurs, vous allez trouver mon mari. » Nous traversâmes une fort petite antichambre, où des ustensiles de ménage étaient proprement arrangés; de là nous entrâmes dans une chambre, où Jean-Jacques Rousseau était assis en redingote et en bonnet blanc, occupé à copier de la musique. Il se leva d'un air riant, nous présenta des chaises et se remit au travail, en se livrant toutefois à la conversation.

« Il était maigre et d'une taille moyenne. Une de ses épaules paraissait un peu plus élevée que l'autre, soit que ce fut l'effet de l'attitude qu'il prenait dans son travail, ou de l'âge qui l'avait voûté, car il avait alors soixante ans. D'ailleurs il était fort bien proportionné. Il avait le teint brun, quelques couleurs aux pommettes des joues, la bouche belle, le nez très bien fait, le front haut et élevé, les yeux pleins de feu. Les traits obliques qui tombent des narines vers les extrémités de la bouche, et qui caractérisent la physionomie, exprimaient dans la sienne une grande sensibilité, et quelque chose même de douloureux. On remarquait dans son visage trois ou quatre caractères de la mé-

que penses-tu de cela ? L'enfant tout occupé de suivre de l'œil les hirondelles, s'écria : « Mon Dieu ! qu'elles volent haut ! » Tout le monde se mit à rire, et le jeune homme admira plus le vol d'un moucheron, que les flèches de Notre-Dame, puisqu'il eut la constance de distinguer et de décrire en trois semaines, 37 espèces de mouches venant se poser sur un fraisier.

lancolie, par l'enfoncement des yeux et par l'affaissement des sourcils ; de la tristesse profonde par les rides du front ; une gaîté très vive, même un peu caustique, par mille petits plis aux angles extérieurs des yeux, dont les orbites disparaissaient quand il riait. Toutes les passions se peignaient successivement sur son visage, suivant que les sujets de la conversation affectaient son âme ; mais, dans une situation calme, sa figure conservait une empreinte de toutes ces affections et offrait à la fois, je ne sais quoi d'aimable, de fin, de touchant, de digne, de pitié et de respect.

« Près de lui était une épinette, sur laquelle il essayait de temps en temps des airs. Deux petits lits de cotonnade rayée de bleu et de blanc, comme la tenture de sa chambre; une commode, une table et quelques chaises faisaient tout son mobilier. Aux murs étaient attachés un plan de la forêt et du parc de Montmorency, où il avait demeuré, et une estampe du roi d'Angleterre, son ancien bienfaiteur.

« Sa femme était assise, occupée à coudre du linge; un serin chantait dans sa cage suspendue au plafond; des moineaux venaient manger du pain sur les fenêtres ouvertes du côté de la rue, et sur celle de l'antichambre on voyait des caisses et des pots remplis de plantes telles qu'il plaît à la nature de les semer. Il y avait dans l'ensemble du petit ménage un air de propreté, de paix et de simplicité qui faisait plaisir.

« Il me parla de ses voyages; ensuite la conversation roula sur les nouvelles du temps ; après quoi il nous lut une lettre manuscrite en réponse à M. le marquis de Mirabeau, qui l'avait interpellé dans une discussion politique; il le suppliait de ne pas le rengager dans les tracasseries de la littérature.

« Je lui parlai de ses ouvrages et je lui dis ce que j'en aimais le plus, c'était le *devin du village* et le troisième volume de l'*Emile*. Il me parut charmé de mes sentiments, *c'est aussi*, me dit-il, *ce que j'aime le mieux avoir fait; mes ennemis ont beau dire, ils ne feront jamais un devin du village*...... Il nous montra une collection de graines de toutes espèces, il les avait arrangées dans une multitude de petites boîtes. Je ne pus m'empêcher de lui dire que je n'avais jamais vu personne qui eut ramassé une si grande quantité de graines et qui eût si peu de terre. Cet idée le fit rire.

« A quelques jours de là il vint me rendre visite; il était en perruque ronde bien frisée, portant un chapeau sous le bras, et en habit complet de nankin. Il tenait une petite canne à la main, tout son extérieur était modeste mais propre, comme on le dit de celui de Socrate. Je lui offris une pièce de coco-marin avec son fruit pour augmenter sa collection de graines, et il me fit le plaisir de l'accepter.

« Comme je le reconduisis à travers les Tuileries, il sentit l'odeur du café. *Voici*, me dit-il, *un parfum que j'aime beaucoup : quand on en brûle dans mon escalier, j'ai des voisins qui ferment leur porte, et moi j'ouvre la mienne*. Vous prenez donc du café, lui dis-je, puisque vous en aimez l'odeur. *Oui*, me répondit-il, *c'est presque tout ce que j'aime des choses de luxe; les glaces et le café*.

« J'avais apporté une balle de café de l'île de Bourbon, et j'en avais fait quelques paquets que je distribuais à mes amis. Je lui en envoyai un le lendemain, avec un billet où je lui mandai, que sachant son goût pour les graines étrangères, je le priais d'accepter celles-là. Il me répondit par un billet fort poli, où il me remercia de mon attention. Mais le jour suivant, j'en reçus un autre d'un ton bien différent. En voici la copie : « Hier, Monsieur, j'avais du monde chez moi qui m'a empêché d'examiner ce que contenait le paquet que vous m'avez envoyé. A peine nous nous connaissons et vous débutez par des cadeaux : c'est rendre notre société trop inégale : ma fortune ne me permet point d'en faire. Choisissez de reprendre votre café ou de ne plus nous voir. Agréez, mes très humbles salutations. J.-J. Rousseau. »

Je lui répondis, qu'ayant été dans le pays où croissait le café, la qualité et la quantité de ce présent le rendait de peu d'importance ; qu'au reste je lui laissais le choix de l'alternative qu'il m'avait donnée. Cette petite altercation se termina aux conditions que j'accepterais de sa part, une racine de ginseng et un ouvrage sur l'ichthyologie, qu'on lui avait envoyé de Montpellier. Il m'invita à dîner pour le lendemain. Je me rendis chez lui à onze heures du matin. Nous conversâmes jusqu'à midi et demi. Alors son épouse mit la nappe. Il prit une bouteille de vin, et en la posant sur la table, il me demanda, si nous en aurions assez, et si j'aimais à boire.

Combien sommes-nous? lui dis-je. *Trois : vous, ma femme et moi.* Quand je bois du vin, lui répondis-je, et que je suis seul, j'en bois bien une demi-bouteille, et j'en bois un peu plus quand je suis avec des amis. *Cela étant,* reprit-il, *nous n'en aurons pas assez ; il faut que je descende à la cave.*

Il en apporta une seconde bouteille.

Sa femme servit deux plats : un de petits pâtés et un autre qui était couvert. Il me dit, en me montrant le premier : *voici votre plat et l'autre c'est le mien.* Je mange peu de pâtisserie, lui dis-je, mais j'espère bien goûter du vôtre. *Oh!* me dit-il, *ils nous sont communs tous deux ; mais bien des gens ne se soucient pas de celui-là : c'est un mets suisse ; un pot-pourri de lard, de mouton, de légumes et de chataîgnes.* Il se trouva excellent. Ces deux plats furent relevés par des tranches de bœuf en salade, ensuite par des biscuits et du fromage ; après quoi sa femme servit le café.

« Pendant le repas nous parlâmes des Indes, des Grecs et des Romains. Après le dîner, il fut me chercher quelques manuscrits. Il me lut une continuation d'*Emile*, quelques lettres sur la botanique, et des morceaux charmants, traduits du Tasse. Comptez-vous donner ces écrits au public? *Oh! Dieu m'en garde!* dit-il, *je les ai fait ponr mon plaisir, pour causer le soir avec ma femme.*

« Oh! oui, que cela est touchant! reprit Mme Rousseau ; cette pauvre Sophronie! j'ai bien pleuré quand mon mari m'a lu cet endroit-là. Enfin, elle m'avertit qu'il était 9 heures du soir ; j'avais passé dix heures de suite comme un instant. » *)

La mélancolie de Jean-Jacques augmentait de jour en jour, il était des moments où, tout entier absorbé dans ses souvenirs, il oubliait ses folles terreurs, mais son mal reprenant le dessus, il voyait des ennemis partout, et cependant, infatigable travailleur, il continuait son labeur incessant, grossissant chaque jour l'énorme trésor de pensées qu'il allait laisser derrière lui, œuvres, pensées et réflections dont on a dit avec raison : « Il faut les lire, puis les relire et les relire encore. »

*) Oeuvres de Bernardin de St-Pierre.

CHAPITRE VIII.

Voltaire et Rousseau.

Voltaire venait depuis peu de rentrer en France, lorsque Rousseau obtenait la couronne au concours de Dijon ; cet inconnu avait traité le sujet d'une façon magistrale, mais au point de vue antiphilosophique. Voltaire en fut indigné.

Peu après, l'Académie royale de musique représentait un petit opéra, intitulé le « *Devin du village* », paroles et musique de toute cette œuvre neuve et charmante étaient de Rousseau. Voltaire en fut confondu ; cet homme, si simple, si gracieux quand il laissait parler son cœur, devenait confus et creux quand son imagination avait la parole, en un mot, il donnait à la musique son caractère naturel et il bouleversait l'ordre social.

Dès ce jour, Voltaire écrit partout : « Qui est ce Jean-Jacques ? Est-il fou ? » — L'homme qui enrôlait les princes et les premiers écrivains de son temps sous le drapeau de la philosophie voyait un ancien horloger, un Genevois défaire son œuvre, répondre à ses triomphes dramatiques par des éloges pleins de critiques !

Agacé, Voltaire cherche à isoler Rousseau, il l'invite à venir partager sa retraite, mais Jean-Jacques refuse :

« Je ne vous aime point, avec vos comédies vous gâtez ma république », et il persiste à copier sa musique à tant la page.

Voltaire, qui a dix-huit ans de plus que son adversaire, éprouve pour lui un de ces sentiments indéfinissables qui sont une sorte d'affection colère, il le gronde, il le tance, il le traite de fou sauvage, et cependant il s'occupe sans cesse de lui, il lui arrive de demander brusquement: « Où est Jean-Jacques? Que fait Jean-Jacques? » comme on demanderait: « Quelle heure est-il? » — Il disait volontiers: « Jean-Jacques et moi ».

Un jour on lui dit: « Il écrit un roman d'amour. » Et peu après, les bruits d'un applaudissement immense viennent jusqu'à Ferney rappeler au philosophe que Jean-Jacques avait touché juste.

Les femmes du monde s'arrachaient ce livre séduisant dans ses magnifiques pages, un grand cri d'enthousiasme partit de Paris; Rousseau cessa un moment de copier sa musique, pour écrire des doubles de son roman, qu'on s'arrachait à prix d'or. On voulait avoir de sa main, de sa large et belle écriture si soignée, si régulière de précieux autographes, que les belles d'alors se montraient en secret, comme on montre quelque lettre d'amour.

Voltaire haussa d'abord les épaules, puis il lut à son tour et l'enthousiasme le saisit, divers passages du roman le remplissaient d'admiration.

A peine le bruit du premier roman de Rousseau était-il apaisé, que parurent coup sur coup « *Emile* », le « *Contrat social* » et la « *Lettre à l'archevèque de Paris* ». Voltaire est un des premiers à lire les productions de ce fou de Jean-Jacques, sa correspondance est toute remplie de l'enthousiasme que provoqua la lecture de ces œuvres.

« Jean-Jacques est fou, cela est certain ! et cependant, lisez, mes frères, propagez les saines doctrines, c'est le sermon sur la montagne » ; ailleurs il écrit : « J'ai fait relier en or ce petit livre. »

Et ce qui agaçait Voltaire, c'était la simplicité que conservait Jean-Jacques au milieu de ses triomphes littéraires. Lui, le riche Voltaire, qui avait fait du désert une colonie prospère, qui voyait, alignées comme les batteries de l'armée, les charues des cultivateurs de Ferney, lui, le seigneur campagnard, qui prêtait aux grands de ce monde et ne craignait pas de leur envoyer du papier timbré, le richard Voltaire était humilié en un mot.

Jean-Jacques en son aurore vivait pauvre, besoigneux même ; et quand, proscrit, fugitif, il trouva enfin un toît pour s'abriter, il dut compter les écus dont il disposait pour pouvoir vivre quelques mois de plus à l'abri du besoin.

Voltaire, au sein de l'opulence, régnait de Ferney sur le monde entier d'alors ; de Russie en Espagne et de Berlin à Vienne, quand le monde avait lu l'*Encyclopédie*, il avait tout lu.

Mais « cet ancien horloger », ce fou de Jean-Jacques reparaissait alors. « Imprudents », s'écriait-il, « vous refaites l'œuvre coupable des théologiens ; ils avaient mis entre l'homme et Dieu leurs doctrines insensées et vous y remettez vos systèmes, vous recommencez à charger les épaules du peuple de fardeaux qu'il ne peut et ne veut plus porter ; vous troublez et gâtez un des plus beaux mouvements qu'il y eut dans l'histoire. A l'heure où par toute la terre les hommes commencent à s'affranchir, vous voulez imposer des études impossibles aux multitudes. »

Toute la divergence de vues qui divise si profondément les deux plus grands hommes du XVIIIe siècle tient dans ces mots : Voltaire voulait amender la société par la philosophie des encyclopédistes, Rousseau rêvait une nouvelle couche sociale, celle du travail. Voltaire redoutait pour ces simples, pour ces hommes nature, les oiseaux de proie de la société ; Rousseau s'écriait : « De quel droit les empêchez-vous de se gouverner à leur guise. »

Cet éternel rébus, qui passe dans l'histoire du monde par toutes les phases critiques de l'expérience, commence cependant par devenir lucide.

Depuis 1778, cent ans ont passés sur les théories de Voltaire et sur ce qu'il appelait les utopies de ce fou de Jean-Jacques. Aujourd'hui ce dernier a raison sur son contradicteur. En sera-t-il de même demain ?

Et pendant que Rousseau publie l'*Emile*, qu'il montre au doigt ce que devrait être l'éducation, ce qu'elle est malheureusement, lorsqu'il prend au berceau le futur Adam de sa nouvelle couche sociale, Voltaire, qui ne peut cependant pas parler contre sa conscience, subjugué, répond par son roman, *du jeune homme*, do t le nom est à lui seul le mot du rébus — *Candide.*

Ah ! lecteurs, c'était un siècle glorieux que celui où ces puissants génies prenaient le monde à témoin de leurs grandes querelles philosophiques, et barbares ont été ces gouvernements qui sont venus arrêter dans leur élan ces magnifiques tournois de la pensée.

Le peuple écoutait, distrait d'abord, ces grandes vérités reconnues aujourd'hui, il s'y intéressait ensuite, et il se formait dans son sein cette puissante société française de la révolution qui ne fit que des œuvres de génie, parce qu'elle ne copia rien, qui fut puissante, parce qu'elle ne parodia aucun système.

Jean-Jacques venait de tomber dans ce monde, comme un lourdaud dans un salon, il y arrivait de Genève, ayant beaucoup lu, beaucoup voyagé, mais ignorant certains tours de la parole; son instruction était suffisante, mais son éducation ne l'était pas; il fallait alors ce vernis de la courtisanerie que Voltaire au dire de Rousseau possédait à un si haut degré.

Le premier était en France, le puissant et spirituel M. de Voltaire, l'autre était l'ancien horloger, Jean-Jacques, quoi, le contradicteur qui venait constamment gâter la joie du premier, brouiller ses cartes et compromettre le jeu.

Et, chose étrange, tous deux travaillaient pour l'avenir, c'est comme si, pressentant le terrible orage, chacun d'eux eut rivalisé de conseils pour en organiser les effets. Et tous deux se lisaient assidûment; Rousseau soupirait parfois, il voulait bien soutenir la lutte, mais la critique de Voltaire le blessait, il avoue dans ses *Confessions*, ne pas aimer ce genre de discussion.

En certaines circonstances, Jean-Jacques faisait preuve d'un vrai courage; n'a-t-il pas créé le mariage civil, et cet exemple n'a pas été oublié, car l'état civil était proclamé en France le 20 Septembre 1792 et en 1804 le Code civil en a défini les attributions et fixé les garanties.

Malheureusement l'acte de volonté de Rousseau fut encore gâté par la fatalité qui s'acharnait après lui, puisque c'est sous le nom de Renou et pour faire perdre ses traces, que s'accomplit l'acte de réparation dû à Thérèse.

Pendant que le pauvre persécuté se cachait sous le nom réaliste de M. Renou, l'Europe entière le cherchait, les uns pour l'insulter, les autres pour l'acclamer ; ses ennemis les moins acharnés le faisaient passer pour fou, et Voltaire, tout disposé à les croire, parlait mélancoliquement des bizarreries de caractère de ce fou de Jean-Jacques.

Mais d'Alembert écrivait au patriarche : « Jean-Jacques est un malade de beaucoup d'esprit, et qui n'a d'esprit que quand il a la fièvre. Il ne faut ni le guérir ni l'outrager. *) »

Voltaire venait d'obtenir la révision du jugement de Calas, et il publiait son « *Traité sur la tolérance* », il ne l'avait point signé, mais tout le monde en nommait l'auteur. Ce fut au tour de Rousseau d'admirer son adversaire, tout le monde, du reste, était pris par cette contagion d'admiration du patriarche dévoué à la cause de la justice, cause qu'il défendait et avec sa bourse autant qu'avec sa plume.

On avait bien brûlé un exemplaire du *Dictionnaire philosophique,* mais cette exécution ridicule ne faisait qu'enhardir l'auteur, qui renouvelait les éditions et les agrémentait d'articles de plus en plus violents. La société, qui expirait et qui, vingt ans après, allait s'effondrer, redoublait de rage contre le philosophe. Ce dictionnaire, commencé à la cour de Frédéric II, et qui devait former une distraction pour la cour, devenait tout d'un coup un ouvrage de guerre. A l'article « *feu* » l'auteur faisait très clairement feu sur la société qu'il combattait, plus loin il développe ses idées sur la tolérance, le fanatisme, la religion, la foi. Frédéric II en

*) Voltaire, sa vie et ses œuvres, par Eug. Noël.

fut lui-même étonné, il ne reconnaissait plus son Voltaire d'autrefois, celui qui en un jour de courtisanerie avait fait lever le soleil à Berlin.

Voltaire avait pardonné à Rousseau, et ce dernier s'était mentalement réconcilié avec son ancien adversaire ; devant l'ennemi commun, et sans se connaître personnellement, les deux grands lutteurs de ce siècle faisaient trève tacite.

Autour de ces deux hommes convergeaient, comme autant de brillants satellites, Diderot, d'Alembert, Beaumarchais ; les œuvres de ce monde de la pensée formaient avec celles de ceux qui avaient disparu, comme Montesquieu, ce grand dossier, ces plaidoyers complets qui allaient être utilisés dans le grand procès fait par la révolution à la société condamnée.

On était alors au commencement de 1778, Voltaire avait vieilli, Rousseau, plus jeune de dix-huit ans, était plus affaibli encore, Voltaire avait retrouvé des forces, il avait terminé sa tragédie nouvelle « *Irène* », et il désirait la voir jouer.

Jean-Jacques était de retour à Paris, il s'en allait, ses forces le trahissaient parfois, il se consacrait à ses « *Rêveries* », et il rêvait, ou plutôt parfois il s'en allait rêvassant, songeant au passé, le souvenir et la fantaisie étaient encore des trésors dans lesquels il puisait la suite de ses « *Confessions* ». Il quittait seul son logis, il fuyait la ville qu'il avait toujours eue en aversion. *) Il allait en pleine campagne, cueillant ici et là

---

*) (Emile). Les hommes, dit-il, ne sont point faits pour être entassés en fourmilières, mais épars sur la terre qu'ils doivent cultiver.... Les villes sont le gouffre de l'espèce humaine.

des plantes, dont il analysait la structure et qu'il classait ensuite dans ses collections. Amant de la nature, il cherchait en elle les consolations de la vieillesse.

« Depuis quelques jours, » dit-il, « on avait achevé « la vendange; les promeneurs de la ville s'étaient déjà « retirés, les paysans aussi quittaient les champs jus- « qu'aux travaux d'hiver; la campagne, encore verte « et défeuillée en partie, déjà presque déserte, of- « frait partout l'image de la solitude et des approches « de l'hiver, il résultait de son aspect un mélange « d'impressions douces et tristes, trop analogues à mon « âge, à mon sort pour que je n'en fisse pas l'applica- « tion. Je me voyais au déclin d'une vie innocente et « infortunée, l'âme encore pleine de sentiments vivaces, « et l'esprit encore orné de quelques fleurs, mais déjà « flétries par la tristesse et desséchées par les ennuis. « Seul et délaissé, je sentais venir le froid des pre- « mières glaces, et mon imagination tarissante ne peu- « plait plus ma solitude d'êtres formés selon mon « cœur. »

L'homme est tout dans ces mélancoliques pensées, Jean-Jacques sentait les forces l'abandonner, la lutte, les infortunes, l'ingratitude l'avaient désillusionné de ce monde, désaffectionné des hommes, il ne lui restait au cœur que cet amour inaltérable des choses de la nature.

Tout en aimant passionnément son pays natal, le philosophe genevois se retrouvait partout dans sa patrie, pourvu que ce fut la campagne, la solitude, la vie des champs. Tout au contraire de lui, Voltaire, l'ermite de Ferney, ne se sentait point trop âgé pour entreprendre le voyage de Paris, il caressa longtemps cette idée et il la mit à exécution au moment où

Rousseau rêvait, lui, à fuir la grande ville et à terminer ses jours dans la solitude.

Rousseau allait disparaître, au moment où Voltaire s'apprêtait à reparaître. Ce fut un grand bruit dans Paris, le jour où on apprit que M. de Voltaire allait rentrer dans sa ville natale. Son nom était dans toutes les bouches, on en parlait au salon et à la chaumière, ce voyage était un événement public. A Bourg, Dijon, la curiosité, la sympathie et l'admiration de la foule sont tels que Voltaire comprend enfin toute sa puissance. Mais tout cela n'était rien en comparaison de ce qui l'attendait à Paris.

Le 10 Février 1778, vers 4 heures de l'après-midi, une vieille calèche peinte en bleu, ornementée d'étoiles d'argent, faisait son entrée à la barrière de la capitale.

Les douaniers approchent, « rien à déclarer pour les droits, pas de contrebande ! »

A cette question, Voltaire sourit : « Rien », dit-il, « si ce n'est ma personne. »

Si la calèche était hors de mode, le voyageur était non moins bizarrement accoutré, il était enveloppé dans une vaste houppelande rouge doublée d'hermine, sur sa perruque il portait un bonnet de fourrure. Sa tête était osseuse, son nez pointu, son regard fin et rusé, et le tout posé sur un long cou, tel était le portrait de l'ermite du mont Jura. A peine débarqué à Paris, le vieillard reçoit les visites de tout ce que la capitale comptait de célébrités et de sommités de tout rang. La reine, les ministres, les évèques, font prendre des nouvelles de sa santé; B. Franklin, qui était alors à Paris, vint lui présenter son petit fils.

Le 30 Mars raconte Grimm, une foule immense encombrait les rues, et formait à sa voiture un cortège interminable, Voltaire se rendait à l'Académie, les acclamations ne voulaient pas cesser, jamais conquérant ne se flatta d'un accueil pareil. Toute l'Académie vint à sa rencontre jusqu'à la première salle, c'était la première fois que pareil honneur était fait à un homme. On fit asseoir Voltaire dans le fauteuil du directeur et on le nomma à l'unanimité à cet honneur.

Mais tout cela n'était que le prélude de ce qui l'attendait, car du Louvre au théâtre des milliers de voix l'acclamaient au passage, et dans le théâtre même, c'était un tumulte frénétique. Le comédien Brisard apporta aux dames une couronne, celles-ci voulurent couronner le vieillard qui s'y refusa longtemps. Après le premier acte d'Irène le buste de Voltaire parut sur la scène, acteurs et actrices, chargés de guirlandes, s'avancèrent, Brisard plaça la première couronne, les autres suivirent, pendant que Mme Vestris récitait quelques vers *) en l'honneur de l'illustre écrivain.

La foule enthousiaste criait : « Vive notre Homère ! » « Gloire au défenseur de Calas ! » « Honneur à l'homme unique ! »

---

*) Aux yeux de Paris enchanté
Reçois en ce jour un hommage
Que confirmera d'âge en âge
La sévère postérité !
Non, tu n'a pas besoin d'atteindre au noir rivage
Pour jouir des honneurs de l'immortalité,
Voltaire, reçois la couronne
Que l'on vient de te présenter :
Il est beau de la mériter,
Quand c'est la France qui la donne !

« Vous m'étouffez sous les roses, » disait le vieillard qui pleurait de joie; sous cette brûlante communion de la foule avec ses pensées, il retrouvait des forces, lui, le vieillard, amaigri, faible et chancelant.

C'étaient ses derniers beaux jours, son entourage comprend que ces secousses vont le tuer, son secrétaire veut qu'il revienne à Ferney, déjà la fièvre s'empare de lui, il ne dort plus, ses yeux brillent d'un éclat étrange, il travaille jusqu'au moment où les forces le trahissent, et sous les yeux de sa nièce, il s'agite sur sa couche et reste immobile.

Trois mois auparavant il avait reçu l'abbé Gaultier, qui le voyant si faible, avait voulu converser avec lui au sujet de ses intentions religieuses.

Voltaire avait dit en riant à un ami : « Il faut hurler un peu avec les loups, et si j'étais sur les bords du Gange, je voudrais selon l'usage du pays mourir une queue de vache en main ! »

Il ne reçut à son lit de mort que la visite de M. Lally, fils, qui venait annoncer à son défenseur la réhabilitation de son père. On introduisit le vaillant jeune homme auprès du mourant, qui donna un signe de vie et de joie, une larme brilla dans ses yeux, il eut la force de demander du papier et de sa main il écrivit :

« Le mourant ressucite en apprenant cette grande « nouvelle, il embrasse tendrement M. de Lally, il voit « que le roi est le défenseur de la justice, il mourra « content. » *)

Puis il s'affaissa, respirant encore. Le 30 Mai 1778, vers 11 heures, il pressa la main de son valet de chambre : « Adieu, mon cher Morand, » lui dit-il, « je me

*) Voltaire, sa vie et ses œuvres, par E. Noël.

meurs, » et il expira à l'âge de 84 ans et trois mois, dans cette maison qui fait l'angle du quai, aujourd'hui quai de Voltaire et de la rue de Beaune.

Les circonstances qui ont accompagné ce grand évènement n'appartiennent plus à notre étude. Voltaire venait de mourir peu de jours après le départ de Rousseau pour Ermenonville, où il expirait comme nous le verrons dans le chapitre suivant, 34 jours après Voltaire.

Ces deux hommes qui marquèrent leur passage dans le siècle par une brillante mais diverse lumière, disparurent presque ensemble. L'un mourut « content », le cœur envahi par le bonheur de voir apparaître l'ère de la justice, l'autre appela Thérèse et se sentant mourir, il dit à voix éteinte : « Dieu, Être des Êtres! ma pauvre femme, embrassons-nous ! »

Ce mélancolique et triste adieu au monde, à ce monde dans lequel il avait tant souffert, inspire lui-même une invincible tristesse, la mort n'est jamais gaie, mais elle a quelquefois quelque chose de consolant pour l'accompagner.

Voltaire quittait ce monde au lendemain du triomphe, sûr des regrets de la France entière, le pauvre Rousseau mourait isolé, doutant du monde et en disant tristement : « Ma pauvre femme, embrassons-nous ! »

CHAPITRE IX.

La réparation.

Paris se relevait à peine de la perte de Voltaire qu'un second deuil surprenait le monde des lettres. J.-J. Rousseau, installé depuis peu à Ermenonville, petit village près de Senlis, venait d'y mourir subitement le 2 Juillet 1778, vers 11 heures du matin. Il avait accepté dans le château, qui fut habité par Gabrielle d'Estrées, un modeste appartement; il devait, en revanche, donner des leçons de musique à Mlle de Girardin, la fille de son ami et bienfaiteur, lorsque la mort le surprit loin de ce grand Paris qu'il avait voulu fuir. La nouvelle de la mort de cet homme extraordinaire se répandit rapidement, et comme toujours en pareil cas, elle fut accompagnée de commentaires. Les bruits les plus divers ne tardèrent pas à se propager, l'humeur sombre du défunt, son invincible répugnance du monde, son caractère bizarre se prêtèrent à accréditer le bruit d'un suicide.

Est-il permis d'admettre que l'auteur des lettres sur l'*Immortalité de l'âme,* la *Conscience,* le *Duel* et le *Suicide* ait pu céder au désespoir. — Thérèse, dont le témoignage n'est pas suspect, a soutenu la mort naturelle, d'autre part, l'historien de Rousseau, Musset Pathay, et Mme de Staël disent qu'il y a eu suicide, malgré le témoignage du sculpteur Houdon. — La supposition du suicide nous paraît non seulement dénuée d'apparence, mais encore de fondement.

On accourut de Paris, à la nouvelle de la mort du philosophe genevois, et le 4 Juillet au soir on déposait son cercueil dans sa tombe au milieu de la petite île des Peupliers sur la Nonnette.

En 1790, l'Assemblée constituante, sur une proposition de Mirabeau, votait une statue à Rousseau ainsi qu'une pension à sa veuve, et en 1794 (11 Octobre), les restes de Rousseau étaient transférés au Panthéon, à côté de ceux de tant d'hommes illustres.

En 1793, Genève éleva une colonne de bronze à la mémoire de celui qui fut persécuté pour son amour de la république.

La statue décrétée par l'Assemblée nationale n'a pas été exécutée; un buste assez mesquin fut placé au coin de la rue Plâtrière, qui devint de ce fait la rue Jean-Jacques Rousseau.

La compagne de Rousseau, Thérèse Levasseur, reçut la pension votée par l'Assemblée, elle se remaria, du reste, peu après la mort de son illustre mari, avec un palefrenier, et elle mourut en 1801 à l'âge de 80 ans.

La fête de Rousseau se célébra à Genève pendant quelques années, sauf pendant l'occupation française.

En 1815, les armées alliées qui pénétrèrent en France, passèrent à Ermenonville, elles exemptèrent ce petit village de toute réquisition, en mémoire de l'illustre écrivain qui y était mort.

Genève devait une réparation éclatante à l'homme injustement persécuté, elle était faite dans les esprits, il ne restait plus qu'à la consacrer par un acte solennel. En 1828, le Conseil représentatif ne voulut pas que l'île des Barques fut consacrée à la mémoire de Rousseau, et sa décision a été insérée au *Bulletin* officiel. Les citoyens ne perdirent pas courage, un comité de 11 membres,*) parmi lesquels on voit figurer le colonel fédéral Dufour, fit appel à une souscription nationale, et l'œuvre amenée à bien permit au sculpteur Pradier de couler en bronze la statue qui a été érigée dans l'île de Rousseau. L'inauguration de cette statue se fit le 24 Février 1835.

---

*) Déjà en 1829 un Comité s'était formé pour ériger une statue à J.-J. Rousseau. M. le pasteur Chenevière en faisait partie. Il se permit d'adresser une invitation à souscrire au curé de Genève (Vuarin). La réponse ne se fit pas attendre. La voici :

« Je m'empresse, Monsieur, de vous adresser ma contri-
« bution. Vous trouverez ci-joint un projet d'inscription à
« placer au bas du monument. C'est la seule oblation par
« laquelle je crois pouvoir, en homme d'honneur et en chré-
« tien, m'associer à une entreprise, dont votre qualité de pas-
« teur et de professeur en théologie ne semblait pas vous
« appeler à vous constituer le patron. »

A celui qui, brisant le premier anneau de nos chaînes, délia la jeunesse audacieuse de la crainte avilisante d'un Dieu ;

qui, méprisant les traditions vulgaires, reconnut dans le sauvage abruti le noble roi de la création ;

qui, rétablissant les peuples dans leurs droits, apprit aux hommes que tous doivent commander, et que nul ne doit obéir ;

qui donna un juste blâme aux romans, et qui en écrivit un, pour détruire dans le cœur de nos compagnes et de nos filles, ce qu'avant lui on appelait vertu ;

qui, réduisant les choses à leur juste valeur, rejeta le nom de son père, et exposa les fruits de son glorieux hyménée pour se délivrer du lourd fardeau de la *reconnaissance* ;

à l'apologiste du suicide ;

à celui qui, par ses exemples et ses écrits, introduisit l'heureuse licence de tout dire et de tout faire ;

Les temps des haines et de la proscription ont passé, cet homme, qu'on a dit méchant et impie, a consacré sa vie à condamner le mal, à rechercher le bien et à louer cette magnifique nature qui lui a inspiré les plus belles pages de ses œuvres.

Le monument qui consacre la réparation que lui devait sa ville natale a été placé au milieu de ce lac dont il a décrit les beautés avec tant de charme, il est là, vraiment isolé, comme il aurait voulu vivre, loin du bruit des villes, au milieu de cette grande nature à laquelle il avait voué un culte d'admiration.

Les flots bleus viennent se briser doucement contre les murs de l'île, le vent agite les feuilles des hauts peupliers, le clapotement des flots, le bruissement des feuilles forment cette grande mélodie de la nature à laquelle le philosophe demandait ses plus belles inspirations. Il est là sous le dôme de feuillage, la face pensive, mais tournée vers le grand lac qu'il aimait; il n'a point en main les attributs du conquérant ou les emblêmes de la science, mais son livre et cette plume magique dont la puissante éloquence a remué le monde et conquis les cœurs.

Le jour de la réparation est venu, cent ans ont passé sur l'injure, et la reconnaissance publique dans

---

à J.-J. Rousseau (puisqu'il faut l'appeler par son nom),
à sa mémoire jadis outragée par une ingrate patrie,
la patrie aujourd'hui, émule des vertus de son noble
citoyen, dressa ce monument.

La lettre et l'inscription furent imprimées et répandues par milliers dans la ville. (Extrait de l'Histoire de M. *Vuarin* et du rétablissement du catholicisme à Genève, par les abbés Fleury et Martin. Genève, 2 vol. 1861 (Tome II, page 387 et 388).

une grande manifestation répare l'injustice des hommes et l'erreur du temps, cette réparation est dans tous les cœurs, chacun sent aujourd'hui la grandeur de l'injure qui fut commise à l'égard du généreux penseur, persécuté pour avoir aimé l'humanité et exilé pour avoir osé rêver l'amélioration sociale. Il est mort loin de sa ville natale, loin de ses concitoyens qu'il avait tendrement aimés, mais son génie n'est point mort avec lui, car il contribua à enfanter la société nouvelle qui lui a consacré ce monument.

TABLE DES MATIÈRES.

133

www.ingramcontent.com/pod-product-compliance
Ingram Content Group UK Ltd.
Pitfield, Milton Keynes, MK11 3LW, UK
UKHW022107190726
13855UKWH00002B/701

9 782011 913425